新时代·管理新思维

CORPORATE FINANCING

企业融资 Ⅲ

从股权估值到上市后管理

马铂伦 编著

清华大学出版社
北 京

内 容 简 介

本书阐述了企业融资和上市的相关内容，例如，融资时机、股权架构、公司估值、融资流程与规范、商业计划书撰写、尽职调查、上市方式与流程、内幕交易防范等。为了增强内容的全面性和系统性，本书将重点介绍企业融资与上市的方法和技巧。

本书还添加了很多具有代表性的案例，希望为读者提供真真切切的帮助。可以说，在企业融资和上市方面，本书的内容实用、可操作性强，可供读者在实际操作中借鉴使用。

本书封面贴有清华大学出版社防伪标签，无标签者不得销售。

版权所有，侵权必究。举报：010-62782989，beiqinquan@tup.tsinghua.edu.cn。

图书在版编目(CIP)数据

企业融资．Ⅲ，从股权估值到上市后管理 / 马铂伦编著．—北京：清华大学出版社，2021.1（2024.1重印）

（新时代·管理新思维）

ISBN 978-7-302-55246-8

Ⅰ．①企… Ⅱ．①马… Ⅲ．①企业融资 Ⅳ．① F275.1

中国版本图书馆 CIP 数据核字 (2020) 第 047885 号

责任编辑：刘　洋
封面设计：徐　超
版式设计：方加青
责任校对：王荣静
责任印制：杨　艳

出版发行：清华大学出版社
网　　址：https://www.tup.com.cn，https://www.wqxuetang.com
地　　址：北京清华大学学研大厦 A 座　　　邮　编：100084
社 总 机：010-83470000　　　邮　购：010-62786544
投稿与读者服务：010-62776969，c-service@tup.tsinghua.edu.cn
质 量 反 馈：010-62772015，zhiliang@tup.tsinghua.edu.cn

印 装 者：三河市人民印务有限公司
经　　销：全国新华书店
开　　本：170mm×240mm　　印　张：15　　字　数：233 千字
版　　次：2021 年 1 月第 1 版　　印　次：2024 年 1 月第 7 次印刷
定　　价：65.00 元

产品编号：085962-01

前 言

　　一个公司的发展始终需要充足的资金作保障，要想实现发展，公司就必须不断地融资。尤其对于初创公司来说，这已经成为其生存下去的必要保障。

　　但融资之路实际操作起来却复杂、艰难，充满坎坷，很多公司往往无法走到最后。相关专家甚至认为，融资是一个世界范围的难题，融资能否成功决定了公司的未来发展。

　　如今，由于缺乏相关经验，创业者在融资过程中遭遇了很多严峻挑战，他们无法把握正确的融资时机，不了解融资的流程，不会撰写有吸引力的商业计划书，无法做出一份合理的估值，不清楚怎样和投资者沟通……

　　其实，上面的每一项工作对于创业者来说都非常重要，无论哪个环节出现问题，都很可能导致融资的失败。

　　因此，为了提高融资的成功率，创业者需要做一些融资方面的功课，内容包括：融资时机、股权架构、公司估值、融资规范与流程、商业计划书与融资路演、投资者筛选与接触、尽职调查、投资协议签订等。

　　当然，也有很多创业者野心很大，他们并没有把融资当成最终目标，而是希望将自己的公司成功上市。在上市之前，进行前期准备工作的同时还要了解上市的方式、流程，以及法律法规。

　　目前，市场上有很多介绍融资、上市理论的书籍，而介绍公司如何从0到1实现融资上市，如何合理分配股权，如何与投资者建立并维持良好关系，如何达成上市愿望等内容的书籍却寥寥无几。

事实上，读者最关心、最想看到的并不是与融资相关的理论知识，而是如何进行实际操作。为了满足读者的需求，本书以企业融资和上市为切入点，并结合作者自身多年的知识积累和实践经验编著而成。

本书不仅阐述了很多基础性内容，还附带了大量的经典案例和精心制作的图表。本书的文字诙谐幽默、浅显直白，目的是让读者在轻松愉快的氛围中学习知识。

通过对本书的学习，读者可以迅速了解融资与上市相关的知识要点，掌握获得融资、成功上市的真谛。可以肯定的是，对有融资与上市需求的创业者来说，本书的学习之旅将是一段非常完美的体验。

在资金为王的时代，无论是初创公司，还是已经发展成熟的公司，都不能忽略融资的重要性，更不能放弃上市的目标。作为公司的领头人，创业者必须不断充实自己，努力创造美好的明天。

编 者

2020 年 5 月

目 录

第1章 融资时机:什么时候融资最合适 / 1

1.1 决定融资的因素 / 2
1.1.1 行业增长趋势明显 / 2
1.1.2 受到竞争威胁 / 3
1.1.3 规模发展需要资本推动 / 3

1.2 融资对象的类型 / 4
1.2.1 财务型投资 / 4
1.2.2 生态型投资 / 4
1.2.3 控制型投资 / 5

1.3 别等到资金短缺时再融资 / 6
1.3.1 一时无法找到资金 / 6
1.3.2 需要低价出让股权,或融资成本过高 / 7
1.3.3 投资者愿意锦上添花,无意雪中送炭 / 8

第2章 股权架构:融资前的基础工作 / 11

2.1 创始人股权 VS 合伙人股权 / 12
2.1.1 确定一个创始人 / 12

2.1.2 创始人应该拿到多少股权 / 13
2.1.3 基于退出机制的创业合伙协议书 / 14
2.2 如何分配股权才够合理 / 17
2.2.1 股权与出资多少挂钩 / 17
2.2.2 让创始人占据股权的主导地位 / 18
2.2.3 正确对待资源提供者 / 19
2.3 何种股权架构最科学 / 21
2.3.1 股份绑定、分期兑现不能少 / 21
2.3.2 如何设计股权架构 / 22
2.3.3 "五五"式股权架构危害大 / 24

第3章 公司估值：价值决定价格 / 27

3.1 贴现现金流法 / 28
3.1.1 现金流的估算 / 28
3.1.2 贴现率估算 / 29
3.1.3 控制权溢价及非流动性折价 / 30
3.2 可比公司法 / 31
3.2.1 挑选同行业可参照的上市公司 / 31
3.2.2 计算同类公司的主要财务比率 / 31
3.2.3 基于主要账务比率做出估值 / 33
3.3 可比交易法 / 33
3.3.1 挑选同行业被投资的相似公司 / 33
3.3.2 计算相应的融资价格乘数 / 34
3.3.3 根据溢价水平做出估值 / 34
3.4 标准计算法 / 35

3.4.1 计算公司的利润 / 35

3.4.2 以销售额为基础进行估值 / 36

3.4.3 合理预估公司的资产 / 36

第4章 融资流程与规范 / 37

4.1 融资流程 / 38

4.1.1 提交创业申请，供投资者审查 / 38

4.1.2 接触投资者，提供商业计划书 / 38

4.1.3 协助投资者完成尽职调查 / 39

4.1.4 终极谈判，确定相关条款 / 39

4.1.5 完成签署之前的最后确认 / 39

4.2 合同签署 / 40

4.2.1 双方的出资数及所占股份 / 40

4.2.2 公司组织结构及双方担任的职务 / 40

4.2.3 投资者的控制与保护 / 41

4.3 回报方式 / 42

4.3.1 可转换优先股 / 42

4.3.2 参与分红优先股 / 43

4.3.3 投资倍数回报 / 43

4.3.4 有担保债权 / 43

4.4 法律事务 / 44

4.4.1 签署非法律约束性意向书 / 44

4.4.2 对项目进行细致调查 / 45

4.4.3 确定投资架构 / 45

4.4.4 确定条款，签署投资协议 / 46

4.4.5 完成交割，做好投后管理 / 46

4.5 会计事务 / 46

4.5.1 对公司资本进行验证 / 46

4.5.2 对公司财务报表进行审计 / 47

4.5.3 出具财务审计报告 / 47

4.5.4 对原始财务报表与申报财务报表的差异出具专项意见 / 48

第 5 章　商业计划书：快速让投资者看到的内容　/　51

5.1 项目本身 / 52

5.1.1 产品：定位和痛点及样品展示 / 52

5.1.2 商业模式：流量获取与变现方法 / 53

5.1.3 竞品解读：市占率、利润率、变化预期 / 54

5.1.4 核心团队：履历、目前角色、核心骨干 / 55

5.2 运营数据 / 56

5.2.1 运营数据：市场占有率、增长率、增长预期 / 56

5.2.2 财务数据：现金流、资金投入产出、固定成本 / 58

5.2.3 融资后规划：阶段开支及比例 / / 60

5.3 投资者关注的回报、权利、收益 / 61

5.3.1 回报预期：估值增长 / 61

5.3.2 股权：投资多少换多少股份 / 63

5.3.3 收益分配 / 63

5.3.4 退出机制 / 64

5.4 商业计划书撰写常见五大错误 / 65

5.4.1 群发商业计划书 / 66

5.4.2 模糊与背景和团队有关的内容 / 66

5.4.3 和投资者打"感情牌" / 68

5.4.4 过度使用生僻概念 / 69

5.4.5 没有提前了解投资者 / 70

第 6 章 融资路演：有逻辑地说出你的项目 / 73

6.1 融资路演 PPT 的制作技巧 / 74

6.1.1 字体的正确使用 / 74

6.1.2 页数的把控 / 77

6.1.3 背景的选择 / 78

6.2 融资路演结构 / 79

6.2.1 黄金圈法则结构：圈圈相套 / 79

6.2.2 PREP 结构：基础的总分总 / 81

6.2.3 时间轴结构：以时间顺序为核心 / 82

6.2.4 金字塔结构：强大的引导性 / 83

6.3 融资路演出现的问题及解决方案 / 85

6.3.1 激发投资者兴趣 / 85

6.3.2 精准掌控节奏 / 87

6.3.3 瞄准关注焦点 / 88

6.3.4 冷静应对怀疑 / 90

第 7 章 筛选投资者：扩大基本面，精选少数 / 93

7.1 筛选条件：在 100 个投资者中选择 30 个 / 94

7.1.1 投资规模 / 94

7.1.2 对行业的认识和理解 / 95

7.1.3 未来感与前瞻性 / 96

7.1.4 勤奋、热爱工作 / 99

7.2 投资者获取渠道 / 100

7.2.1 通过身边的人推荐 / 100

7.2.2 网络搜寻 / 102

7.2.3 创业孵化平台 / 103

7.2.4 专业融资服务机构 / 104

7.3 投资者分级 / 105

7.3.1 A类投资者：双方匹配度高 / 105

7.3.2 B类投资者：对方适合我方，我方较差 / 106

7.3.3 C类投资者：我方适合对方，对方较差 / 107

第8章 接触投资者：初步接触与深入接触 / 109

8.1 接触顺序设计 / 110

8.1.1 C类、B类投资者先接触，A类投资者放在最后 / 110

8.1.2 根据投资者意见，升级BP / 111

8.2 接触时机与方法 / 113

8.2.1 见面之前有哪些准备 / 113

8.2.2 如何约时间地点 / 113

8.2.3 自己去见，还是跟重要合伙人一起去见 / 114

8.2.4 如何跟投资者介绍项目 / 115

8.2.5 如何判断投资者会有进一步接触 / 115

8.2.6 后续的接触 / 116

8.2.7 见投资者就是一次面试的过程 / 117

第9章 投资意向书：法律效力与核心条款 / 119

9.1 投资意向书的法律效力 / 120
9.1.1 商业条款不具备法律效力 / 120
9.1.2 保密性和排他性条款具备法律效力 / 121
9.2 投资意向书的核心条款 / 121
9.2.1 一票否决权 / 122
9.2.2 优先购买权 / 123
9.2.3 优先清算权 / 124
9.2.4 对赌协议 / 126

第10章 尽职调查：创始人协助准备内容 / 129

10.1 尽职调查的范围 / 130
10.1.1 财务信息调查：财务报表真实性核实 / 130
10.1.2 法律信息调查：法律结构与法律风险 / 131
10.1.3 业务信息调查 / 133
10.1.4 个人信息调查：核心成员的经历、名声、财务等 / 134
10.2 尽职调查的方法 / 135
10.2.1 审阅文件资料 / 135
10.2.2 参考外部信息 / 135
10.2.3 相关人员访谈 / 135
10.2.4 公司实地调查 / 135
10.2.5 小组内部沟通 / 136
10.3 尽职调查的原则 / 136
10.3.1 证伪原则 / 136

10.3.2 实事求是原则 / 136

10.3.3 事必躬亲原则 / 136

10.3.4 突出重点原则 / 137

10.3.5 以人为本原则 / 137

10.3.6 横向比较原则 / 137

第 11 章 投资协议：核心条款清单 / 139

11.1 交易结构条款 / 140

11.1.1 估值条款 / 140

11.1.2 投资额度 / 141

11.1.3 交割条件 / 142

11.1.4 苏宁国际与家乐福中国的交易结构条款 / 144

11.2 先决条件条款 / 148

11.2.1 未落实事项 / 148

11.2.2 可能发生变化的因素 / 149

11.3 承诺与保证条款 / 151

11.3.1 标的公司及原始股东、业务的合规性 / 151

11.3.2 各方签署、履行投资协议的合法性 / 151

11.3.3 过渡期内股权保护 / 151

11.3.4 信息披露及时、真实 / 152

11.3.5 投资协议真实、准确、完整 / 152

11.4 其他关键条款 / 152

11.4.1 公司治理条款 / 152

11.4.2 反稀释条款 / 153

11.4.3 估值调整条款 / 154

11.4.4 出售权条款 / 155

11.4.5 清算优先权条款 / 156

第12章 IPO上市：方式、流程、红线 / 157

12.1 上市流程 / 158

12.1.1 上市筹备 / 158

12.1.2 设立股权公司 / 159

12.1.3 进入3个月辅导期 / 161

12.1.4 申报与核准 / 162

12.2 IPO上市方式：境内、直接或间接境外上市 / 163

12.2.1 境内上市：A股、B股 / 163

12.2.2 直接境外上市：H股、S股、N股 / 164

12.2.3 间接境外上市：买壳、造壳 / 169

第13章 常见上市规则和失败原因剖析 / 173

13.1 上市必知的两大规则 / 174

13.1.1 做好全流程预算 / 174

13.1.2 寻找专业的中介机构 / 175

13.2 导致上市失败的常见六大因素 / 176

13.2.1 遭到竞争对手或用户举报 / 176

13.2.2 财务有造假现象 / 177

13.2.3 缺乏独立开展经营活动的能力 / 178

13.2.4 内控机制不完善 / 179

13.2.5 董事、高管不稳定，经常变动 / 181

13.2.6 虚假陈述、不披露硬伤及误导性陈述 / 182

第 14 章 信息披露：保障每一位投资者的利益 / 185

14.1 信息披露的基本内容 / 186
14.1.1 业绩快报：上年同期相关数据 / 186
14.1.2 定期报告：年度、半年度、季度 / 186
14.1.3 业绩预告：有严格的时间限制 / 187
14.1.4 临时报告：有深刻影响的重大事件 / 187

14.2 信息披露的原则 / 189
14.2.1 真实性：拒绝虚假记载及陈述 / 189
14.2.2 准确性：不得夸大和误导 / 189
14.2.3 完整性：文件齐备，格式符合规定 / 190
14.2.4 及时性：不得超过规定期限 / 190
14.2.5 公平性：不可以偏袒特定对象 / 190

第 15 章 内幕交易防范和股权交易的限制性规定 / 191

15.1 内幕交易三大类型 / 192
15.1.1 自我交易 / 192
15.1.2 建议他人交易 / 192
15.1.3 泄露内幕信息 / 193

15.2 内幕交易者需要负法律责任 / 193
15.2.1 刑事责任 / 194
15.2.2 行政责任 / 194
15.2.3 民事责任 / 195

15.3 短线交易限制的对象 / 195
15.3.1 上市公司董事、监事、高级管理人员 / 195

15.3.2　持有上市公司5%以上股权的股东 / 196

15.4　短线交易限制的时间 / 196

15.4.1　买入后6个月内卖出 / 196

15.4.2　卖出后6个月内又买入 / 197

15.5　敏感期交易的相关规定 / 197

15.5.1　时间范围 / 197

15.5.2　适用对象 / 198

15.5.3　认定标准 / 199

15.5.4　豁免情形（救市政策） / 202

第16章　上市公司面临的监管机制及违规处分 / 205

16.1　上市公司的五大监管机制 / 206

16.1.1　内部监管机制：董事会、股东、监事会 / 206

16.1.2　审计监管机制：有效防止合谋与作弊 / 208

16.1.3　债权人监管机制：以债权人为主体 / 209

16.1.4　政府监管机制：检察院、法院等 / 210

16.1.5　市场体系监管机制：商品、证券、经理 / 211

16.2　上市公司面临的违规处分 / 212

16.2.1　风险警示 / 213

16.2.2　纪律处分 / 215

16.2.3　停牌和复牌 / 216

16.2.4　暂停、恢复、终止和重新上市 / 217

16.2.5　申请复核 / 221

第 1 章
融资时机：什么时候融资最合适

对处于初创阶段的公司来说，融资可以解决其发展前期资本不足的问题；对处于急剧扩张阶段的公司来说，融资可以解决其为追求快速发展而对资本产生依赖的问题；对处于平稳发展阶段的公司来说，融资有助于其可持续发展的实现。正如居然之家总裁汪林朋所说："一个行业、一个公司要建立一个长效的发展机制，必须引进资本。"由此可见融资的重要性，那么，什么时候融资最合适呢？本章将对如何把握融资时机进行详细的分析。

1.1 决定融资的因素

融资固然重要，但知道什么时候融资其实更加重要。为此，我们需要了解决定融资的三个因素：一是行业增长趋势明显；二是受到竞争威胁；三是规模发展需要资本推动。

1.1.1 行业增长趋势明显

一个公司无论是处于初创阶段，还是稳步发展阶段，创业者都需要借助融资来维持公司生存，从而实现公司的健康稳定发展。

公司在初创时期需要资金开拓新市场和强化自己的优势，否则很可能无法顺利进入成熟期；即便已经进入成熟期，公司仍然需要在研发、设计、生产上投入大量资金，同时还需要不断更新设备、进行技术改造、引进高素质人才等。

公司的成立通常以充足的资金为前提，一方面，这是为了满足公司成立的资金要求。具体来说，虽然《中华人民共和国公司法》（下文简称《公司法》）对成立不同类型的公司所必须具备的资本金最低限额已经没有严格的规定了，但很多合伙人或者投资者在投资前对创业者公司注册资金的实缴额度有较高的要求，迫使创业者去借款或者贷款。

另一方面，许多项目在人才、技术、设备或者市场推广等方面的投入相当高，单纯依靠自有资金无法正常运转，这时就必须考虑融资。

1.1.2 受到竞争威胁

因为受到竞争威胁而进行融资,其本质是为了保证公司的生存和发展。这里所说的竞争威胁主要是指因外部环境发生变化而对公司产生影响。

例如,当出现通货膨胀时,公司的成本就会随之增加,与此同时,盈利的虚增也会让资金大幅度流失,从而导致公司资金面临巨大的挑战,最终必须通过融资来保证运营。

如果竞争对手正在积极融资,准备进一步扩张,那么公司资金不充足的话就会遭受前所未有的挑战。这时,公司必须立即行动,绝对不能落后,尤其是当公司与竞争对手均进入"资本运营"的成熟期后,你们之间较量的更是资本实力。

创业者应该知道,投资者的钱不是大风刮来的,任何一个投资者都希望得到丰厚的回报。

很多投资者不仅拥有资金,还拥有人脉、管理方法、营销策略等更多有价值的资源。所以融资的另一个作用就是通过整合投资者的资源,提升公司实力,以最佳的状态应对竞争威胁。

1.1.3 规模发展需要资本推动

现在早已不是仅仅靠经营挣钱的时代了,以上市公司来说,如果股东只是瓜分盈利的话,那么他们的经济实力很可能会比目前低一个等级。因此,融资还有一个重要作用,就是依靠资本挣钱,并进一步扩大规模。

当不断有新的投资者为公司投资时就可以发现,虽然公司的盈利率并不是非常高,甚至没有盈利,但估值要比之前的高。

例如,2015 年张华为一家公司投资了 1 000 万美元,占股 100%,但现在有人愿意投资 5 亿美元,占股 10%,那张华当年投资的 1 000 万美元就更有价值了。

与仅仅依靠经营挣钱相比,依靠资本挣钱更快,也更高效,例如,创业者和投资者齐心协力将公司成功上市,挣估值的钱。公司继续发展,还可以进行扩张和收购,再吸引更多的投资者投资,保证公司的市场地位和持续稳定发展。

从某种程度上讲，这是一个良性的循环，可以让创业者和投资者获得巨大成功。

1.2 融资对象的类型

了解决定融资的因素后，还需要了解融资对象的类型，其主要分为财务型投资、生态型投资和控制型投资。这三类融资对象有很大差异，所以后期也要采取不同的应对措施。

1.2.1 财务型投资

财务型投资的主体是以营利为目的，通过投资行为获得经济上的回报，并在恰当时机进行套现的投资者。这类投资者通常更加关注投资回报率，而对公司未来是否可以上市的可能性则不太看重。

换言之，他们更注重短期获利，对公司的长远发展不感兴趣。财务型投资也分很多种，如VC风险投资，还有B轮、C轮的PE私募基金等。

1.2.2 生态型投资

生态型投资是指投资者希望通过投资来弥补自己在某一领域的短板，以配合自己主营业务的战略发展。这类投资者通常具备技术、管理、人才等方面的优势，可以促进产业结构升级，提升公司的核心竞争力与创新能力。

一般而言，生态投资者与被投资公司属于同一行业的不同环节或邻近行业，这样可以产生协同效应，从而使公司获得更大的发展机会，实现战略目标。

生态型投资者的投资是其发展战略的一部分，是对成本、市场等方面综合考虑后的决策。他们的持股时间一般为5~7年，追求长期投资利益，这也是其区别于财务型投资者的首要特征。

不过,生态型投资者为了参与公司的管理,常常会提出派驻高管或替换高管的条件,因此,在引进生态型投资者时,创业者要注意对公司控制权的把握。

1.2.3 控制型投资

控制型投资是指投资者通过投资的方式获得公司的控制权。不少创业者及其团队因控制型投资者的加入而失去控制权,最终被迫出局。而且,控制型投资者进行融资时,很可能会要求签订对赌协议。

对此,著名投资者、A8音乐公司创始人兼CEO刘晓松说过:"一些投资者喜欢跟创始团队签订对赌协议,我个人不太喜欢这样(的做法),(这样做)意义也不是太大。原因很简单,创业公司如果倒闭,你就是拿到百分之百的股权也没意义。你对赌赢的时候就已经输了,对赌输的时候就输得更惨了。"

但控制型投资者可不管这些,他们会等待创业者犯错,或者当创业者没有实现对赌协议中的要求时,拿出协议要求创业者赋予他更多的控制权。所以最终创业者有可能被迫离开自己一手创办的公司。

随着公司的发展,这三种投资类型可以互相转换。

例如,某高端餐饮品牌公司创始人为了获得投资者的投资,同意在投资条款中添加对赌协议:如果被投公司无法在两年内上市,投资者有权退出投资,创始人需要将投资款退回,并给予高额利息。在这一阶段投资者充当了财务型投资者。受经济环境影响,创始人无法在约定的时间带领公司上市。为了退还投资者的投资款及利息,创始人不得不将股权低价出售给投资者,自己被迫出局。在这一阶段投资者则成为控制型投资者。

无独有偶,某电商公司创立1年后,获得A投资者2 000万元的融资。受经济形势影响,融资难度加大,最终以8 000万元出让80%的股权给B投资者,创始团队沦为小股东。B投资者为了尽快获得财务回报,分三次将股权全部转让给C机构,C机构与创始团队及A投资者谈判后,获得了余下的20%股权,创始团队也以出局告终。在这一案例中,B投资者为财务型投资者,C机构则为控制型投资者。在利益面前,各参与方很难有大的让步,后续发展如何谁都

无法预料，所以创业者在选择投资者时应理性和慎重。

创始人从开始融资的那一刻就应当认识到，寻找发展理念与自己一致的投资者对公司至关重要。不然，即使拿到了融资，投资者与自己的发展理念不一致，将来还是会出现很多矛盾，不利于公司的发展。

创始人在引进投资者时，应当通过合同约定好融资后的各项事宜，保证双方的权利。对于不利于自己的一些条款，创始人应当敢于对投资者说"不"。

1.3
别等到资金短缺时再融资

在创投圈里一直流行这样一句话："别等到资金短缺时再融资。"这是为什么呢？主要原因有三个：一是短时间内很难找到资金；二是成本不好控制，容易造成损失；三是很少有投资者愿意"雪中送炭"。知道了这三个原因以后，相信大家会对融资时机有更深的理解。

1.3.1 一时无法找到资金

很多公司都会选择在自己比较富裕或者最富裕时进行融资，因为这时融资不需要委曲求全，而且效果更好。

SaaS 市场上的巨头 Hubspot 就是一个例子，该公司的第四轮融资是在资金非常充足的情况下进行的，最终也顺利上市。

Hubspot 的运营状况一直比较好，融资也已经完成了三轮，经济实力比较雄厚，不过该公司并没有止步于此，而是马不停蹄地进行第四轮融资，并借此顺利上市，实现高速、稳定发展。

HubSpot 的经历说明，融资不能在缺钱时进行，而是要在富裕时进行，这主要有以下两个原因。

1. 不会出现一时找不到钱的情况

如今,市场竞争异常激烈,每个公司都想赢得投资者的青睐,但投资者的钱毕竟是有限的,他们会把这些钱投给情况最好的公司。因此,如果公司非常缺钱,很可能无法引起投资者的关注,也就不能找到钱保证自身的正常运营。

2. 不在压力下做决定才更加科学、合理

没有人能预测出未来会发生什么风险,所以对于创业者来说,未雨绸缪是一种非常可贵的智慧。不等到缺钱时再去融资,就可以避免任人宰割,也可以从容地作出正确决定。

1.3.2 需要低价出让股权,或融资成本过高

马云曾向创业者分享自己的融资心得,他说:那些今天盈利情况很好的公司要记住,一定要在你很赚钱的时候去融资,在你不需要钱的时候去融资,要在阳光灿烂的日子修理屋顶,而不是等到需要钱的时候再去融资,那你就麻烦了。所以,你不需要钱的时候才是融资的最佳时间。

"礼物说"是"90后"创业者温城辉创立的移动电商平台,其以"礼物攻略"为核心,搜罗时下流行的礼物和送礼物的方法,为用户推荐热门礼物,用户也可以在平台上下单。

"礼物说"A轮获得红杉资本300万美元投资;B轮获顶级知名机构投资的3 000万美元的投资,估值超过2亿美元;在2017年、2018年又获得C轮、C+轮融资。

温城辉一直坚持:永远不要等到缺钱时再融资,当资金还能支撑6个月的时候就应当准备下一轮融资。

其实在B轮时,公司的银行账户内储备了大量的资金,温城辉认为这既可以保证公司短时间内无生存压力,集中精力研发产品,又能够让公司在接下来一轮的融资中保持较高的估值。

2019年4月,上海一家儿童早教项目退出市场,创始人因拖欠供应商货款,

成为全国失信被执行人。

此项目成立于2017年，当时在线教育领域是许多投资机构关注的热点，创始人凭借项目、团队优势获得A轮2 500万元融资。随后创始人在6个月内拿出1 500万元用于课程升级以及线上推广。

2018年7月，项目用户量超过400万人，成为在线教育领域的"黑马"，这时公司账户有800万元可使用资金，根据推算，这些资金可以维持公司正常运营7个月。创始人认为目前用户量增长迅速，过早启动B轮融资不会获得较高的估值。对此，A轮投资机构提出反对意见。

当时，创始人持有82%的股权，拥有决策权，他计划于2019年1月启动融资。2018年11月，在线教育项目融资形势发生了变化，许多投资机构对在线教育项目避而远之。

有一家投资机构对此项目初步给出了2亿元估值，创始人最终只能接受对方的投资额，并签署了投资意向书。然而，在等待了1个月后，该投资机构仍未签署正式投资协议。原来，该投资机构认为目前在线教育形势不乐观，希望按8 000万元重新估值，创始人拒绝接受。在与其他投资方多次洽谈无果的情况下，公司以倒闭而告终。

在初创阶段，融资过程往往时长时短，融资结果也时好时坏，创业者要留足融资时间，避免因过晚融资而影响估值。

1.3.3　投资者愿意锦上添花，无意雪中送炭

投资赌的是概率，投资者所做的一切都是为了保证自己的利益和回报，所以他们更愿意"锦上添花"，而无意"雪中送炭"。具有以下条件的创业公司更容易获得投资者的青睐。

（1）创业者对行业有很深的理解，并能脚踏实地。

（2）做"蓝海"市场，选择自己能做的最大规模，只有这样才可以创造大公司，正所谓"小池子养不了大鱼"，如果方向有偏差，会浪费宝贵的创业资源。

（3）有管理技术过硬、能带队伍的领导者。

第1章
融资时机：什么时候融资最合适

（4）创业者有较强市场敏感度，能洞察市场需求。

（5）创业团队由两三个优势互补的人组成。

（6）产品成本低，可以快速占领市场。

（7）履历丰富。例如，有创业成功经验等。

（8）时机合适：市场基本成熟，商业模式已经有雏形，获得融资后，业务会得到爆炸性增长。

（9）业务在小规模市场下被验证，有机会在某个垂直市场"称霸"。

（10）创业者十分专注，最好只死磕一个项目，这样才可以做到极致，获得更大发展。

绝大多数投资者都非常有经验，虽然他们的投资选择也存在一定的随机性和偶然性，但他们还是更愿意为经济条件比较好的公司投资，所以创业者一定要把握好融资时机。

对于创业者来说，融资是一件不能放下的事情，即使昨天刚刚进行了天使轮融资，引入下一轮投资还需要一段时间的接洽和磨合。那也应该未雨绸缪，提前制订下一轮融资规划。

一般来说，当公司银行账户里的资金只相当于18个月的运营成本时，公司就应当制订融资规划，并及时启动下一轮融资。然后，公司就可以着手对接各路投资者。

当然，如果你在创立公司的时候就已经制订好融资规划，那就再好不过了。例如，计划好当公司的运营状况达到某一层级时启动哪一轮融资，以及投资者需要满足哪些条件、为公司提供哪些增值服务等，这样可以避免公司缺钱时融资无门，对公司发展造成负面影响。

有些创业者调侃融资艰难时会说："我刚刚完成公司的第二轮融资，这和第一轮融资一样很不容易，从Demo（样本）展示到投资协议，每一个环节都很费劲。"

事实上，无论哪一轮融资，需要经历的环节大都差不多，同样也非常艰难，创业者如果因此就搁浅下一轮融资，等到资金短缺时再进行，最终只会自食其果。

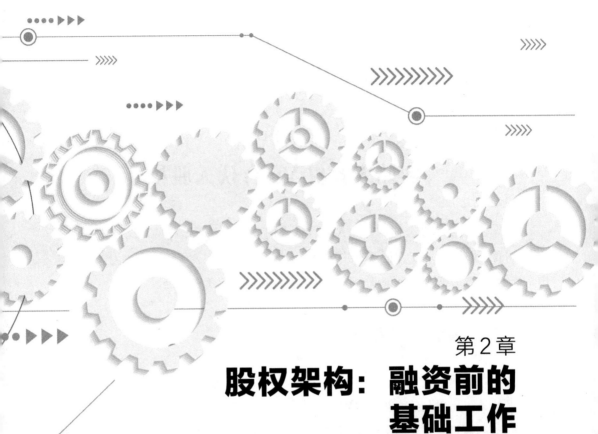

第 2 章
股权架构：融资前的基础工作

　　对于一家公司，尤其是一家初创公司来说，股权架构是融资前的基础工作。这个工作涉及多个方面，如创始人与合伙人的关系、股权分配的合理性、融资的成功率等。因此，创业者必须要掌握与股权架构相关的知识和技巧。

2.1 创始人股权 VS 合伙人股权

在任何一个公司，创始人与合伙人的股权都是不一样的，这就需要合理分配股权，争取在保证双方共同利益的情况下，做到公平、公正。为了明确这一点，双方必须签署创业合伙协议书，将股权分配落在实处。

2.1.1 确定一个创始人

在一家创业公司里，确定一个创始人看似非常简单，实际上非常棘手，尤其是在几个人合伙创业的情况下。

判断谁该成为创始人最简单的方法是看谁承担的创业风险最大。一般情况下，创业公司的发展分为三个阶段（如图 2-1 所示），不同阶段会有不同的创业风险。

图 2-1　创业公司发展的三个阶段

在创立阶段，创始人投入的资金和精力最多而且没有外部融资。在这个阶段，公司很可能会失败，创始人投入的资金也可能全部亏掉。另外，创始人为了创业已经失去了工作，如果创业失败，他还需要重新找工作。

在启动阶段，公司有可能进行外部融资，资金比较充裕。这时创始人每个月都能获取一些收入，但是远远低于在大公司工作获取的收入。50% 以上的公司都在这一阶段失败了,然后创始人不得不去重新找工作。在这种情况下,创始人不仅失去了创业之前的稳定工作,还因为创业失败损失了一大笔资金,也浪费了非常多的精力和时间。

在正常运行阶段,公司利用外部融资取得了一定发展,开始盈利。这一阶段,创始人拿到了与在大公司工作时同额度的工资,公司也不太容易倒闭,即便倒闭,创始人也倾向于转型或者开始第二次创业。

综上所述,如果一个人为一家公司工作,这家公司刚刚创立甚至都没有工资,那么这个人就是创始人。如果一个人从进入公司开始就有工资拿,那么这个人估计不会是创始人。

2.1.2 创始人应该拿到多少股权

作为最初服务于公司的创始人,其身价应该是怎样的呢?下面一起看创始人应该拿到股权的计算公式。

第一,提出创意并执行可以取得公司 10% 的股权。

作为创意的提出者,创始人理应得到 5% 的股权,而执行创意的人同样也可以得到 5% 的股权。

第二,组建创业团队应获得 5% 的股权。

一般情况下,联合创始人及创业团队的其他成员都是创始人牵头召集起来的。如果没有创始人,项目就无法得到落实,因此创始人作为团队组建者,应该多获得 5% 的股权。

第三,创始人作为 CEO 应增加 5% 的股权。

一个好的 CEO 对创业公司的价值远远高于其他职位,所以担任 CEO 职位的人应增加 5% 的股权。尽管 CTO 的工作并不见得比 CEO 更轻松,但是 CEO 对公司价值的提升起到更重要的作用。

第四,创始人全职创业增加 5%～20% 的股权。

在创业团队里,创始人一般都是全职创业,只有联合创始人及团队成员才可能一边创业一边工作。因为创始人全职创业的工作量更大,而且承担的风险也最大,所以应当为他增加 5%～20% 的股权。

第五，帮助创业公司迈出第一步增加 5%～20% 的股权。

无论是为公司探索发展方向还是建立市场信誉，这些都有利于公司获得外部投资及市场关注。如果创始人已经着手实施项目，例如申请专利、做出演示原型或者产品早期版本等，那么创始人应当拿到额外的股权（5%～20% 不等）。具体比例取决于创始人对公司发展及拿到外部融资的作用有多大。

第六，创始人的信誉资产可以增加 5%～20% 的股权。

如果创始人是业内专家或者有创业成功的经历，那么投资者易对这个创始人产生吸引力。在这种情况下，创始人的信誉为创业项目做了信任背书，对投资者来说是一种投资成功的保障。这种创始人在一定程度上降低了创业的风险，所以应当增加 5%～50% 的股权。具体增加的比例视创始人的信誉大小而定。

第七，根据现金投入多少增加占股比例。

这一比值与投资者投资占股的计算方式是一样的：首先，应当确定创业公司的估值；其次，根据现金投入计算出占股比例；最后，综合考量以上几个因素，确定创始人占有的股权。

实际操作时，创始人与联合创始人都是按照以上因素分配股权的。股权分配是一个复杂的工程，无论是创始人还是联合创始人都不应当应付了事，否则很容易在以后的发展中出现股权纠纷。

2.1.3 基于退出机制的创业合伙协议书

在设计退出机制时，可以签订创业合作协议书，以合同形式将合伙人的义务与权利明确化，并赋予法律效力，确保创始人退出公司后，不会给公司带来太大的负面影响。

下面是一份创业合作协议书的范本供参考。

创业合作协议书

合伙人：甲　　　身份证号：

合伙人：乙　　　身份证号：

合伙人：丙　　　身份证号：

合伙人遵循公平、平等、互利的原则订立如下合伙协议：

第一条　组织形式、经营场所、合伙期限和经营范围

（1）组织形式：合伙人根据《中华人民共和国合伙企业法》及其相关规定组建合伙公司。

（2）经营场所：全体合伙人的主要经营场所位于_____。

（3）合伙期限：合伙期限从本协议签订之时发生，至_____终止。非因下列原因，不得提前终止：

提前达到本协议预期的目的；

某一合伙人死亡、破产之后，其他合伙人不再维持合伙关系；

全体合伙人一致同意提前终止。

（4）经营范围：全体合伙人共同从事_____等项经营活动，其范围以市场监督管理局核准同意及营业执照所载明的内容为准。

第二条　出资

（1）甲、乙、丙三方自愿合伙创业、经营××公司，甲方出资××元占××公司60%股份；乙方出资××元占××公司20%股份；丙方出资××元占××公司20%股份。

（2）合伙人除参与盈余分配外，不得因出资而索要其他报酬。

（3）合伙人的股权不得转让于本协议当事人以外的其他人。

（4）合伙人退伙时，依据本协议载明的出资比例返还出资。允许折价返还现金。

（5）退伙人出售已返还的财产时，本协议当事人在同等条件下具有优先购买的权利。

第三条

合伙三方依法组成××公司，由甲负责办理工商登记。

第四条

合伙三方共同经营,共担风险,共负盈亏。

第五条 职务及分工

(1) 甲方为_____;乙方为_____;丙方为_____。

(2) 甲方对_____等业务负责,主管_____;乙方对_____等业务负责,主管_____;丙方对_____等业务负责,主管_____。

第六条 合伙事务的经营管理

_____为合伙负责人,负责人依据过半数的意见制定执行方案,负责管理执行过程中的一切事务;负责人提出经营方案,制订经营计划,交全体合伙人会议讨论通过。

(1) 合伙事务由全体合伙人共同参与。若有争议,依半数以上的意见决定。

(2) 在合伙事务范围内,任何一方合伙人都能代表全体合伙人对外开展业务,且合伙人在经营业务范围内的活动由全体合伙人负责。

(3) 合伙人处理合伙事务应慎重。

(4) 合伙人处理合伙事务的报酬由工作承包合同规定,合伙人不得擅自从经营体内索取回扣。

(5) 合伙人有权在_____查阅账簿,主管财务的合伙人不得拒绝。

第七条 保密条款

合伙人从此次合作中获得的商业信息或技术信息应严格保密,未经合伙人书面同意不得向合伙人之外的其他单位、其他组织及个人泄露,也不得擅自授权别人使用,违反本条将视为严重违约,应承担相应的违约责任并赔偿一切由此导致的经济损失,情节严重的可通过合伙人协商取消其合伙人的资格。

第八条 协议之不可转让性

任何合伙人在未经其他合伙人书面同意前,不得就本协议书部分或全部内容进行转让,且违约者的转让行为无效。

第九条 撤出

任何一方合伙人单方面提出书面撤出时,须等到公司的营业盈余结算清楚,并清偿所有债务,方可撤出。

第十条　争议解决

协议书发生争议或纠纷，应首先协商解决，协商不成任何一方有权向被告方所在地有管辖权法院提起诉讼。

第十一条　补充协议

本协议未尽事宜，所有合伙人商议后可以补充规定，补充协议与本协议有同等效力。

第十二条

本协议一式三份，合伙人各一份。本协议自合伙人签字（或盖章）之日起生效。

甲方签字：　　　　日期：

乙方签字：　　　　日期：

丙方签字：　　　　日期：

2.2 如何分配股权才够合理

股权分配的重要性已经无须多言，但是如何分配才够合理呢？关键点有三个：首先，股权要与出资多少挂钩；其次，让创始人占据股权的主导地位；最后，正确对待资源提供者。

2.2.1 股权与出资多少挂钩

根据出资的多少分配股权是一种十分常见的方法。

因为看好人工智能行业的美好前景，上海某高校校友刘鹏、杨刚、陈东决定合伙成立一家人工智能领域的公司，图2-2是此团队不同阶段的股权变更记录。

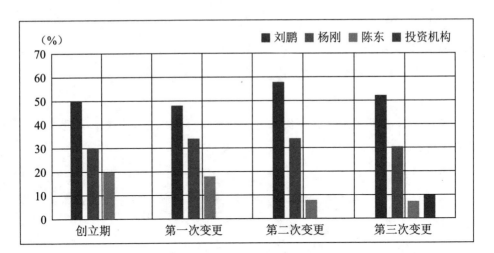

图 2-2　不同阶段的股权变更记录

三人共准备了 500 万元作为启动资金，根据出资额度，刘鹏、杨刚、陈东分别占 50%、30%、20% 的股份。

根据出资多少决定股权分配的方法，将合伙人之间的利益绑在一起，能够在一定程度上提高合伙人之间的凝聚力，同时也为解决冲突提供了依据。

在公司进行决策时，根据出资金额划分的股权可以保证出资人自身的权益，同时也能够保证整个团队的权益。

后来，经过第一次变更之后，刘鹏、杨刚、陈东的股份比例分别变为 48%、34%、18%。这时，投资者 A 愿意以 5 000 万元的估值，出资 1 000 万元，占股 10%。刘鹏认为目前时机不成熟，他的目标估值在 1 亿元。

尽管陈东在股东会议上希望接受投资者 A 的投资，但由于出资比例较低，只能接受刘鹏与杨刚的决策。

这一由出资金额比例决定股权比例的方式存在其局限性，所以在 6 个月后，股权平衡被打破。

2.2.2　让创始人占据股权的主导地位

公司在成立时，都会有一个占主导地位的人担任创始人，创始人对公司的运营和发展有着清晰的规划和设想,在分配股权时,一般会给予创始人更多的股权,以便他对公司的创建和运营发挥更大的作用。

在项目进行的过程中,营销总监李小宁离职,并创立了一家同类型公司。刘鹏发现后,将杨刚、陈东召集在一起,商量对策。

这时,刘鹏认为,为了避免后期受竞争对手的影响,融资时间应该提前。杨刚、陈东则提出了反对意见,他们认为即使同类型公司出现,也不一定有实力与自己的公司产生正面竞争。

由于刘鹏的股权目前仅占48%,只能接受杨刚、陈东的意见。此后两个月,越来越多的信息证实,李小宁已经拿到大额融资,并在大量招募员工。

在与另两位合伙人商量无果的情况下,刘鹏提出愿意以5倍价格从杨刚、陈东手里购买股权。陈东因为当时急于用钱,出让了自己10%的股权。

至此,刘鹏、杨刚、陈东股权比例变更为58%、34%、8%。拥有了58%股权的刘鹏立即召开股东会,通过了立即融资的决定。

一般来说,创始人拥有股权份额越多越好,这有利于其快速做出决策,避免贻误时机。

2.2.3　正确对待资源提供者

创业者早期创业的时候需要的资源非常多,但不同的项目的侧重点有所不同:有些项目的启动依赖某位合伙人的专利;有些项目最重要的是创意;有些项目最重要的是推广渠道资源;还有的项目仅仅依靠某个合伙人的信誉就能导入所需资源。

不是所有的资源提供者都可以作为合伙人分配股权,例如,对于阶段性发挥作用的资源提供者,创业者不应当用股权去交换其手下的资源;对于提供高价值资源的合伙人,创业者应当提升其股权比例。

下面针对三类资源提供者制定了相对应的股权分配方法。三类资源提供者如图2-3所示。

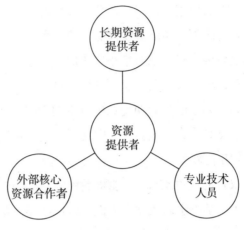

图 2-3 三类资源提供者

1. 长期资源提供者

对于长期资源提供者,创业者应当考虑利益合作分成、利益与贡献的累进制分成及适当比例的股权长期绑定。具体的股权比例应当视资源对项目发展的重要程度而定。

另外,对于只是承诺投入短期资源,而不考虑全职参与创业的资源提供者,可以给予其一定比例的项目提成,而不要通过分配股权的方式进行长期绑定。

2. 专业技术人员

如果专业技术人员为全职创业,应当给予其较高比例的创始股权,并且按照合伙人标准分期、分批授予股权。

对于不全职参与创业的兼职技术专家,可以向其授予期权池中的部分期权,而不是按照合伙人的标准向其分配股权。

3. 外部核心资源合作者

对于外部核心资源合作者,创业者可以通过授予期权池中的部分期权和虚拟股票进行业绩激励和价值绑定。这种操作方式不需要做工商登记变更,股份由创始合伙人代持或建立有限合伙公司代持。

对于资源提供者，创业者应当科学评估其所提供资源在公司初创过程中各个发展阶段产生的作用，以此为依据向其分配股权。

创业项目在启动、测试、推出等各个阶段对资源的需求不一样，股权分配应充分考虑不同阶段资源提供者所发挥的作用，以充分调动合伙人的积极性。

2.3 何种股权架构最科学

在创业开始阶段的"蜜月期"，各位股东不太可能发生激烈争执，但等到公司基本步入正轨以后，分歧就会开始出现。

这时，如果缺少拥有绝对控制权的股东，那最终的结果也许就是各合伙人分道扬镳，公司走向失败。为了避免出现这样的结果，我们必须重视股权架构的设计。

2.3.1 股份绑定、分期兑现不能少

某公司的早期启动资金为 100 万元，其中一个合伙人出资 40 万元拥有公司 40% 的股份，但他在公司工作半年后离职。

因为此前尚未实行股份绑定与分期兑现，公司无法依照合理价格回购退出合伙人的股份，所以退出合伙人可以继续享受分红而不用付出任何劳动，这对于其他合伙人既不公平，也不合理。

对于大多数创业公司而言，合伙人团队早期的出资并不高，有些甚至不到 30 万元。公司步入正轨后，一旦其中的某个合伙人选择退出，不仅会给公司的运营造成极大干扰，甚至还会给公司带来重创。

因此，在进行股权分配的时候，应该实行股份绑定，设计分期兑现制度，与全职服务期限挂钩（通常 4 年）。

例如，某公司股东钱某，持有30%的股权，分4年兑现，其各年份的兑现比例分别为20%、25%、25%、30%。如果一年后，钱某离开公司，那么他最多只能得到6%（20%×30%）的股权，未兑现的股权将会以1元或者法律允许的低价格转让给投资者和其余创始人。这种方式可以防止合伙人突然从公司离开而带走大部分股权的情况发生。

又如，A、B、C合伙创业，股比分别是6：2：2。公司运营了一段时间，C觉得公司发展潜力不大，选择退出，但是他手上还有20%的股份，如果公司发展起来了，他会坐享其成，这样对其他股东是不公平的。所以公司就可以实行分期兑现的股权激励制度，约定股权4年成熟，每年成熟25%。

C一年后离开，他可以获得的成熟股权为20%×25%=5%。剩下的15%股权有以下两种处理方法：

第一种，强制分配给A、B；第二种，以不同的价格出售给A和B。

在投资协议里，分期兑现制度通常表述为："经创始人同意，只要创始人持续全职为公司工作，其所持有的全部股权自本协议生效之日起分4年成熟，每满两年兑换50%股权。如果从交割之日起4年内，创始人从公司离职（不包括因为不可抗力离职的情况），则需要以1元的象征性价格或法律允许的最低转让价格将其未释放的股权转让给投资者或投资者指定的主体"。

设立分期兑现制度对创业公司有以下两个好处。

第一是公平，毕竟有付出才有收获，坐享其成是不被允许的。

第二是有利于创业公司吸引新的人才，如果高管退出，公司自然要找其他人来担任。新任高管如果看到公司的股权已经分配完毕，而且前高管还占有那么多股份，他是不会接受的，所以需要采取分期兑现的制度吸引优秀的人才。

2.3.2 如何设计股权架构

股权架构的设计与股权分配息息相关，总的来说，股权架构的设计一共有如下三种。

1. 股权预留制度

公司在发展过程中会不断招揽新员工,同样,公司在创业过程中也会有新合伙人加入。

这时,就需要解决新合伙人的股权问题,所以,公司在创立初期就要考虑到这一点,提前制定好股权预留制度。

例如,移动事业群总裁及阿里妈妈总裁俞永福、副CFO郑俊芳、蚂蚁金服财务与客户资金部总经理赵颖、农村淘宝总经理孙利等新合伙人加入阿里巴巴之后,其股权架构也在第一时间得到调整。

至于中小公司的创业者,则需要在前期就能够预先准备好充足的股权份额,这样才能够在后期招揽人才时,拥有相对明显的优势:一方面能够让人看出公司对人才的重视;另一方面也能够让人看出公司有发展壮大的规划。

2. 双层股权架构

所谓双层股权架构,其实是"同股不同权"的一种表现形式,京东的股权架构便是采用了这种模式。其具体的做法如下所述。

将公司的股票分为两类:A类股和B类股,两类股票在利益分配上是对等的,所有者拥有多少股权,就可以享受多少比例的分红;但在股权表决上,A类股1股只能代表1票,而B类股1股可以代表10票。在这种股权结构下,即便B类股股东持股比例不足50%,也拥有对公司的绝对掌控权。

如今,大多数科技公司创立的时间都比较短,而这些公司常常需要在短期内大规模扩张,也就需要大量资金注入。但资金的大量注入,很容易稀释创始人及其团队的股权比例,致使控制权旁落,最终影响公司未来的发展。

双层股权架构就能避免这一问题的出现,阿里巴巴、京东均为这样的股权结构,因此马云和刘强东在融资过程中可以继续掌控公司的经营大权。

3. 虚拟股权激励制度

华为的近八万名员工拥有98.6%的股票,而任正非本人所持有的股票不到2%。但任正非正是凭借这不到2%的股份,掌握着估值过万亿美元的华为。

华为的股权设计是以虚拟股权激励制度为基础,即授予目标者一种虚拟的股票。假如公司达到业绩目标,被授予者可以享受一定价值的分红及部分增值收益。但虚拟股票没有所有权和表决权,且不能转让和出售,一旦被授予者离开公司就会自动失效。

持有虚拟股权的员工享有特定公司的"产权",从员工变为"股东",这会降低出现道德风险和逆向选择的可能性。

同时,由于虚拟股权的激励对象为公司核心员工,因此可以使核心员工感受到公司对自己价值的肯定,从而产生巨大的荣誉感。

2.3.3 "五五"式股权架构危害大

在股权的多种分配方式中,危害最大的一种就是"五五"式股权架构。因为在公司的创立和运作过程中,每个合伙人所发挥的作用是不一样的,所做的贡献也是不同的。如果将股权进行均分,就会很容易出现合伙人的贡献和收益不对等的情况。一旦合伙人之间出现分歧,还会因为股权均等而不能快速应对公司面临的问题,最终影响公司的发展。

曾经有这样一个项目,其股权架构为34∶33∶33,也就是说,三个创始人谁说了都不算,只有其中两个创始人加一起才能做出决定。两个创始人各占50%也是类似的情况。这种均等的股权分配是最不合理的。

以"真功夫"为例,该公司是国内规模较大的快餐公司,也是唯一一家本土公司在国内的快餐公司,其合伙人之间的股权分配方式就是"五五"式,即创始人潘宇海、蔡达标和潘敏峰各占50%。

最初,潘宇海掌握着公司的主导权,姐姐潘敏峰管收银,姐夫蔡达标负责店面扩张。后来,蔡达标与潘敏峰离婚,潘敏峰所持有的25%股权归蔡达标所有。

至此,"真功夫"就只有两个各占50%股份的股东,即使后来引入了PE投资基金,两人的股权比例依然是47%、47%。

随着后续股东的加入,资本方的天平倾向了蔡达标,而另一大股东潘宇海则被逐步边缘化。蔡达标听取投资者的建议开始着手"去家族化"改革,从很多知名餐饮连锁公司挖来众多职业经理人，以替换多位与潘宇海关系密切的中高层。

这一举动使得潘宇海被进一步边缘化，最终，两位股东之间的矛盾爆发。之后，潘宇海将蔡达标告上法庭，蔡达标被警方以"涉嫌经济犯罪"的名义带走。此后，潘宇海独掌"真功夫"的大权。但是，经过这一番股权变更，"真功夫"错失了发展的良机，最终未能发展成为世界级的连锁快餐公司。

很多人认为"真功夫"内斗是由其家族公司的属性导致的。其实，"真功夫"的问题不在于其为家族公司，而在于股权架构。"真功夫"的股权架构中股东各占50%，股东意见如果一致还好，不一致就很麻烦。

事实上，每个股东对公司的贡献肯定是不同的，如果股权比例对等，就意味着股东贡献与股权比例不匹配，这种不匹配发展到一定程度，就会引起股东之间的矛盾。

另外，在"五五"式股权架构中，如果没有核心股东，也容易引起股东之间的矛盾。例如，"真功夫"股东之间意见不统一，互相不信任，最终发展为激烈冲突。

"五五"式股权架构的危害如图2-4所示。

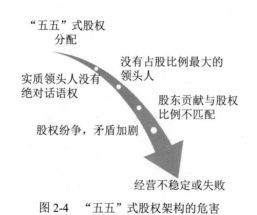

图2-4 "五五"式股权架构的危害

所以，公司需要尽力避免"五五"式这一危害最大的股权架构，减少和避免出现因公司内部股东存在分歧而影响公司整体发展的情况。

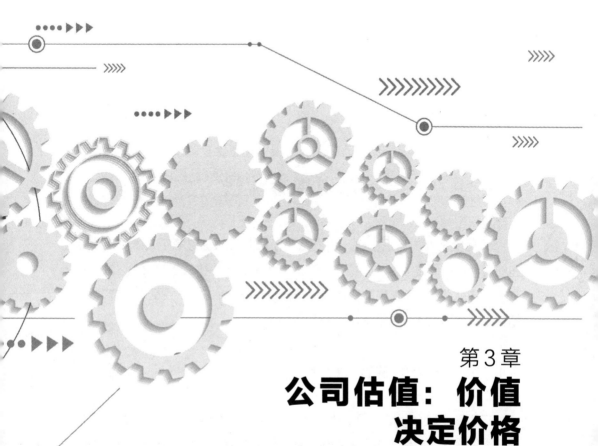

第3章
公司估值:价值决定价格

对公司进行估值是投融资、股权交易的重要前提。投资者将资金注入公司,应该占有的权益首先取决于公司的价值。而公司估值多少这是一个非常专业,也十分复杂的问题。

3.1 贴现现金流法

贴现现金流法基于这样一个概念：任何公司的价值等于其未来现金流之和的折现。按照这个方法，公司的价值取决于公司持续创造的收入，通常以未来5～10年为限。在使用贴现现金流法对公司进行估值时，要重点考量现金流、贴现率、控制权溢价及非流动性折价等因素。

3.1.1 现金流的估算

运用贴现现金流法进行估值，首先要估算未来5年或者10年的自由现金流。要做好这项工作，必须对目标公司的业务和竞争优势有充分了解，同时还要有一定的专业知识。

创业者与投资者对公司未来的看法反映在对未来现金流的估算中。例如，目标公司的利润率未来会提高，或者销售增长速度会降低，又或者需要增加投入来保养现有的设备、厂房等。

假设A公司2017年的自由现金流是1 000万元，销售前景不错，经研究得出结论：其自由现金流在未来5年会以10%的速度增长。由于竞争加剧，5年后A公司的自由现金流增长速度降为5%。在这里，我们计算该公司未来10年的现金流，从第11年开始算为永久价值。那么根据以上信息，我们列出从第1年到第10年的估计现金流，如表3-1所示。

表 3-1 从第 1 年到第 10 年的估计现金流

时间	现金流（万元）
第 1 年	1 100
第 2 年	1 210
第 3 年	1 331
第 4 年	1 464.10
第 5 年	1 610.51
第 6 年	1 691.04
第 7 年	1 775.59
第 8 年	1 864.37
第 9 年	1 957.58
第 10 年	2 055.46

在估算创业公司的现金流时，投资者通常会特别小心，因为创业公司的历史财务状况不像上市公司那样透明、清晰。创业公司通常历史较短，且没有披露财务和重要信息的监管要求，甚至没有规范的成本核算，创始人以远低于市场价的工资为公司工作。

3.1.2 贴现率估算

贴现率是指投资者需要从投资中得到的回报率，如果投资者认为项目风险较高，他就会要求更高的贴现率。

对于创业公司，投资者要求的贴现率通常要比上市公司高一些，因为通常假定上市公司可以永续经营，而创业公司的预期寿命会更短。

怎样估算贴现率呢？美国晨星公司把美国股市的股票贴现率的平均值定为10.5%。其中，5%是短期国债的收益率，也就是无风险收益率，剩下的5.5%表示投资者为了承担超过无风险投资的那部分风险，所要求的对应回报。

当然，市场上的公司不能全部使用相同的贴现率。晨星公司曾经根据经验确定了一个区间，即贴现率范围为 [8%, 14%]，风险越高、波动越大的行业取值越高，越接近14%；风险越低、波动越小的行业取值越低，越接近 8%。

在这里,我们认为稳定的制造行业应估取 9% 的贴现率;风险较高的互联网项目应估取 13% 的贴现率。

3.1.3 控制权溢价及非流动性折价

现金流贴现计算的是未来收获的投资回报。

现金流贴现 = 未来现金流 ×[1/(1+ 贴现率)× 年数],根据这一公式可以计算出总的当前价值 X。然后再计算永久价值。永久价值 =[第 5 年或第 10 年的现金流 ×(1+ 预期增长率)]/(贴现率－预期增长率)。

需要注意的是,这里的预期增长率不是现金流增长率,而是公司的长期增长率。然后根据现金流贴现的计算公式计算这个永久价值贴现到第 0 年的结果 Y。将 X 和 Y 相加,得出公司总的现值。

在对创业公司进行贴现现金流估值时,还需要考虑溢价和折价等关键因素。溢价来自控制权,控制权是能产生价值的。

上市公司的融资通常只涉及股权交易,而创业公司的融资却常常伴随着控制权的转移。如果创业公司管理较差,投资者可以利用控制权来更换管理层以提升财务表现,这就是所谓的控制权溢价。

上市公司股权交易的成本几乎为零,而创业公司的融资则需要投入大量的资源和时间,贴现现金流估值法应该将这部分成本考虑进去。

市场通常会给创业公司 20%～30% 的非流动性折价。如果贴现现金流法运用合理,将会是非常强大的工具。不过,现金流增长率或者贴现率的任何微小改变都会造成估值的极大变动。

在谈判时,大部分投资者在初始阶段就会针对公司未来增长的假设进行攻击。创业者如果能够认识到哪些东西是高度可预测的,哪些东西具有较强的不确定性,将可以更好地与投资者谈判并获得更好的估值。

3.2 可比公司法

可比公司法是投资者比较喜欢的估值方法,即用可比上市公司乘数来决定估值。因为可比上市公司的数据通常更具有时效性和真实性,所以得出的结果也比较准确、可信。

不过必须注意的是,使用可比公司法的关键是确保有一组合适的可比公司与目标公司做对比,且这些可比公司要和目标公司在规模、产品组合、增长潜力等方面高度相似。

3.2.1 挑选同行业可参照的上市公司

运用可比公司法,首先要选择一个市场基准,然后依照这个市场基准来分析目标公司当前的价值。市场基准应当是与目标公司同行业的上市公司,这个上市公司能为目标公司提供一个相关性很强的参考。

可比公司法最困难也是最核心的部分,就是挑选与目标公司具有相同核心业务和财务特征或风险的上市公司。与上面讲到的贴现现金流法不同,可比公司法是根据市场形势及投资者的心态来反映当前估值。所以,在大多数情况下,由可比公司法计算出的估值与公司的真正市场价值更加接近,即与市场的相关性更强。

一般来说,首先应当从目标公司的竞争对手中挑选可比公司,因为竞争对手具有与目标公司相同的关键业务和财务特征,在市场上也往往具有类似的机会或遭受同样的风险。通过百度搜寻已经上市的竞争对手是不错的做法,最好选择5～10个同类公司进行比较。

3.2.2 计算同类公司的主要财务比率

为了与同类公司进行比较,必须找出这些公司的所有财务信息,以便计算出同类公司的主要财务比率。

同类公司上一年的年度财务报表及当年的季度财务报表可以作为历史财务信息的主要来源。这些报表提供了计算LTM（最后12个月的财务业绩）所需要的所有财务数据。

有了这些财务数据，就可以计算同类公司的主要财务比率和倍数了。

首先，同类公司的盈利能力。同类公司的盈利能力可以通过毛利率、税息折旧及摊销前利润率、息税前利润率、净利润率四个指标进行分析，这四个指标对盈利能力的衡量都不相同。

其中，税息折旧及摊销前利润率、息税前利润率是公司经营盈利能力的主要指标，比较适用于同行之间的比较；而净利润率则是衡量公司总体盈利能力的指标。

因为净利润为息后利润，会受到资本结构的影响，所以毛利率相似的公司可能由于杠杆率不同而导致其净利润率有很大不同。同时净利润也是税后利润，可比公司可能享受不同的地方税率，所以就算毛利率相同，净利润率也可能截然不同。

其次，同类公司的投资收益，可以用三个指标对其进行分析：已投资本回报率、股东权益回报率及资产回报率。

已投资本回报率衡量的是公司提供的资本所产生的收益。一般情况下，用息前收益数据为分子，净债务与股东权益之和为分母。

股东权益回报率衡量的是股东提供的资本所产生的收益。通常以息后利润（即净利润）为分子，而分母则是平均股东权益，即股东权益回报率＝净利润/平均股东权益。

资产回报率是总资产所产生的收益。资产收益率一般以净利润为分子，以平均总资产为分母，即资产回报率＝净利润/平均总资产。

再次，同类公司的杠杆率。杠杆率指的是一家公司的负债水平。一般来说，杠杆率越高，公司陷入财务困境的风险就越大，所以投资者往往都十分关心公司的杠杆率。

最后，同类公司的交易倍数。在将所需财务数据收集好并制成表格之后，就可以计算同类公司的交易倍数了。虽然市盈率是目前最受欢迎的一个，但投资者似乎更倾向于公司价值/销售额。

3.2.3　基于主要账务比率做出估值

挑选出同行业可参照的上市公司并计算出主要财务比率后，需要将目标公司与同类公司进行分析和比较。

比较的目的是要确定目标公司在行业内的相对排名，这样就可以框定相对的估值范围。最后，我们会选择和目标公司最为接近的同类公司，作为对目标公司进行估值的基础。

首先，我们需要在同类公司里进一步筛选出与目标公司的业务和财务特征最为接近的公司；然后，排除离群值，分析和比较交易倍数，最终找到最佳可比公司。

基于关键性业务特征、财务绩效指标和交易倍数的比较，就可以识别出和目标公司最接近的公司，这些公司可以帮助框定最终估值的范围。

可比公司法的优点在于以市场数据为估值的基础，反映了总体市场的动态变化。和贴现现金流法相比，可比公司法更为简单快捷，只需要找到最相似公司的关键财务绩效指标和交易倍数就能轻松计算出估值。

3.3 可比交易法

可比交易法是指从类似的融资交易事件中获取有用的财务数据，然后在此基础上评估目标公司的价值。该方法不仅操作比较简单，而且非常实用。

3.3.1　挑选同行业被投资的相似公司

可比交易法并不是比较目标公司间的市场价值，而是在市场上寻找相似的融资交易，以作为估值的依据。一般情况下，同行业的同类公司被并购的案

例最具有参考价值。计算出类似融资交易中估值的平均溢价水平后，就可以用这个溢价水平计算出目标公司的价值。

任何一次融资交易的估值都会参考过往相关融资交易的估值，而此次融资交易又会成为后续融资交易的估值参考。可以说，估值不仅是对公司未来效益进行科学量化的过程，而且受到市场环境的影响。

随着市场经济的不断发展和公司产权的日益商品化，公司价值的评估也越来越受到重视，正在成为衡量公司成功与否和整体质量高低的最全面、准确的指标。

3.3.2 计算相应的融资价格乘数

可比交易法与可比公司法大致相同。它是指在估值过程中，选择同行业中与目标公司规模相同，但是已经被投资、并购的公司，并基于这些已经被投资、并购的公司的估值，获取与估值相关的财务数据，计算出相应的融资价格乘数，以此为依据对目标公司进行估值。

全球首家电梯媒体——分众传媒收购框架传媒和聚众传媒时，便将自身的市场参数作为依据对框架传媒和聚众传媒进行估值。而且在完成框架传媒的收购后，框架传媒的估值也成为聚众传媒的估值依据。

融资价格乘数总是围绕着公司的真实价值上下波动，这是经济学的真理。创业者和投资者要以共赢、互惠为目标来讨论公司的估值。如果在计算融资价格乘数时出现失误，这个目标就很难实现，而且也会对后面的步骤产生影响。

3.3.3 根据溢价水平做出估值

在可比交易法中，溢价水平也是需要考虑的一个重要因素，这会影响最终估值的准确性。

举例来讲，A公司在不久之前获得融资，B公司与A公司同属一个行业，并且在业务领域上也与A公司相似，但是B公司的经营规模比A公司大3倍，那么在对B公司进行融资预估时，就需要在A公司的估值基础上扩大3倍左右。

虽然实际的融资估值会出现偏差，但是大体上还是可以参考的。

最后需要注意的是，由于各个行业的特点不同，溢价水平也会有所不同。例如，销售行业的溢价水平通常会比较高。也就是说，如果 B 公司与 A 公司的规模没有太大差别，但 B 公司属于销售行业，而 A 公司属于其他溢价水平比较低的行业，那么在为 B 公司估值时，最终的估值结果就要相对高一些。

3.4 标准计算法

标准计算法是指通过一定的标准来对公司进行估值，这里所说的标准具体包括利润、销售额、资产等。与前面几个方法相比，标准计算法要更加体系化、标准化。

3.4.1 计算公司的利润

一般发展快速的创业公司按照利润来测算比较合适，因为投资者投资的是一个公司的未来，是公司未来的盈利能力。其计算方法为：公司的估值＝预测市盈率 × 公司未来 12 个月的利润。

例如，某高新技术公司按 2019 年预测利润的 X 倍市盈率计算，2019 年预测税后净利润为人民币 Y 亿元，该公司估值为 $Z = X \cdot Y$（亿元）。其中，公司未来 12 个月的利润是通过公司历史财务数据预测出来的，那么计算公司的估值主要就是计算预测市盈率。

通常来说，投资机构确定预测市盈率时普遍用到的方法是给历史市盈率打折扣。例如，互联网行业的平均历史市盈率是 60，那么预测市盈率大概是 50。

对于同行业、同规模的非上市目标公司来说，其预测市盈率会继续打折扣，一般为 20～30。如果目标公司在同行业中属于规模较小的初创公司，其预测市盈率会再打个折扣,基本上就是10～15。如果某规模较小的互联网初创公司预测融资后下一年度的利润是1 000万元,其估值大概就是1亿～1.5亿元。

3.4.2 以销售额为基础进行估值

如果公司还没有产生利润,可以公司的销售额为基础,根据行业的平均利润率进行估值。如表3-2所示。

表3-2 销售额计算法

行　业	平均利润率	年销售额	估值计算
某行业内公司	X	上一年年度销售额或者下一年预计销售额Y	$X \cdot Y$

例如,制造业利润率超过35%,估值可以是最近一年的年度销售额或预计下一年的销售总额×2;批发业利润较低,估值可以是年度销售额×0.5;商业零售业的公司估值可以是年度销售额×1。

3.4.3 合理预估公司的资产

资产法是一种比较保守的融资估值方法。假设投资者相当谨慎,对目标公司的资产及其发展中所支出的资金进行预测,找出与目标公司的资产相匹配的收购成本,对其进行融资估值。

例如,在竞购尤尼科时,中海油就是采用了资产法的融资估值方法,即根据尤尼科的石油储量对其进行了保守的估值,最终完成了收购。

这个方法以目标公司的真实数据为基础进行估值,看似非常准确,但由于并未考虑到公司未来的经济收益价值,所以往往会将公司的融资价值压到最低。这一点,需要公司在估值的时候注意。

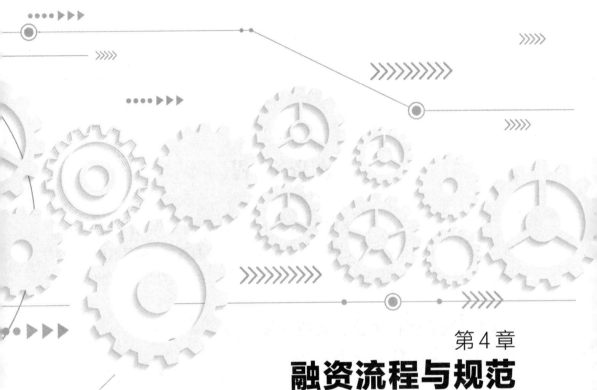

第4章
融资流程与规范

　　融资，只要掌握其流程与规范，就可以事半功倍，马到成功。通过总结其他公司的实践经验不难看出，对于各大创业者来说，要实现这一目标，需要从合同签署、法律、财务等多方面着手。

4.1 融资流程

从创业者的角度来说，融资通常由5个环节构成，分别是：提交创业申请，供投资者审查；接触投资者，提供商业计划书；协助投资者完成尽职调查；终极谈判，确定相关条款；完成签署之前的最后确认。本节就对此进行详细说明。

4.1.1 提交创业申请，供投资者审查

当选定了创业目标，且在人才、推广渠道、商业模式等各方面都已做好准备，"万事俱备，只欠资金"的时候，创业者就需要提交一份创业申请。其应详细说明有关创业的种类、资金规划、财务预估、行销策略、风险评估等，这些都是创业申请书中不可或缺的元素。

4.1.2 接触投资者，提供商业计划书

如果投资者认可该项目，将会要求创业者提供完整的商业计划书，该商业计划书应该包括以下内容。

（1）业务简介：公司的管理者简历、过去三年内的盈利情况、战略定位及投资者的退出机制。

（2）经营计划：经营战略、行业分析、竞争对手分析、资金用途分析。

（3）其他与公司有关的背景资料分析。

投资者将用两周时间对这份商业计划书进行可行性分析，并对创业者提供的资料承担保密义务。

4.1.3　协助投资者完成尽职调查

如果投资者审查完商业计划书认为该项目拥有较大的市场潜力，将会与创业者签署合同锁定该项目，并进行相关的尽职调查工作。在此期间，创业者不得与其他投资者讨论融资问题。

此外，投资者将派人到创业者的公司及其相关客户和供应商等处进行调查，创业者应给予必要的协助。

4.1.4　终极谈判，确定相关条款

在尽职调查的后期或即将完成之时，投资者若未发现重大问题，便会与创业者就公司的估值进行谈判，这其中涉及公司的价值衡量、估值方法，以及融资金额等。

4.1.5　完成签署之前的最后确认

在准备签署的有关文件或投资协议中，应主要明确以下内容。

（1）双方的出资数及各自所占股份，包括对技术的定价、对员工持股的安排。

（2）公司的组织结构及双方各自担任的职务。

（3）投资者的控制与保护。

4.2 合同签署

对于创业者和投资者来说,合同签署是非常重要的事,下面将通过一份融资合同来详细讲解。

4.2.1 双方的出资数及所占股份

融资合同规定双方的出资数及所占股份,下面整理了一份有关这方面内容的范本。

融资合同

第 5 条：融资额度及打款

1. 为保护甲乙双方的权益,甲方对融资额度设定最低金额,本次融资额度最低_____万元人民币。

2. 签订融资合同后,乙方须一次性将资金打入双方共同账户,取款须经双方签字确认。

第 6 条：股权分配

甲方占全部股权的_____%;收益按_____%获得,根据实际情况_____个月进行一次收益分配。乙方占全部股权的_____%;收益按_____%获得,根据实际情况_____个月进行一次收益分配。

4.2.2 公司组织结构及双方担任的职务

融资合同会规定公司组织结构及双方担任的职务,下面整理了一份有关这方面内容的范本。

融资合同

第 14 条

甲乙双方或甲方成立项目合作公司,合作公司设董事会。董事会是合作公司的最高权力机构,决定合作公司一切重大问题。合作公司董事长由甲方法定代表人担任。

第 15 条

合作公司董事会及其组织机构以相关法律规定为依据,并参考甲乙双方或甲方的共同意愿来完成。

第 16 条

乙方不享有合作公司股份,也不参与合作公司经营管理,不承担合作公司日常经营过程中所发生的一切经济及法律风险。合作公司由甲方负责经营管理,乙方委托开户银行或委派财务总监对投资款流向进行日常监督,甲方必须做到资金专款专用,并定期向乙方汇报资金使用情况。

4.2.3 投资者的控制与保护

融资合同规定投资者的控制与保护,下面整理了一份有关这方面内容的范本。

融资合同

第 25 条

乙方应保证资金来源合法。在合作期内,如甲方无违约及其他过失行为,乙方不得随意加收利息或其他费用,并不得提前撤回资金。如项目由乙方委托第三方投资者投资,乙方应尽监督责任,并协助甲方制止第三方投资者随意加收利息或其他费用的行为。

第 26 条

本协议签订后,乙方可对项目真实性进行核实,如核实无误,无不正当理由不得单方面终止合同,并需全力保证资金按时足额到位。如超过 60 天首笔资金仍未到位,乙方应该及时退还甲方保证金。

第 27 条

本合同一经签订,甲方不得以任何不正当理由终止合作,否则前期向乙方支付的 _____ 万元保证金将作为对乙方的经济赔偿,乙方不再退还给甲方。

4.3 回报方式

在正式签署融资合同之前,投资者为了降低自身的风险,经常会要求增加一些回报条款,规定回报方式,如可转换优先股、参与分红优先股、投资倍数回报、有担保债权等。

4.3.1 可转换优先股

可转换优先股赋予持有人将优先股以一定比例转换成普通股的权利。假如公司业绩出色,普通股股价提升,投资者即可将手中的优先股转换为普通股,分享公司成功带来的收益。除此之外,优先股在保证投资者的利益方面具有以下四个优点。

(1)相对普通股而言,优先分配公司利润。

(2)当公司由于破产、解散等原因进行清算时,优先股股东优先分取公司的剩余资产。

(3)优先股股东通常不参与公司日常经营管理。换句话说,优先股股票不含表决权,优先股股东不能干预公司日常经营管理,但在涉及优先股股票权益时,优先股股东可享有相应的表决权。

(4)优先股股票可由公司赎回。优先股股东不得退股,公司可依照优先股股票上所附的赎回条款,对优先股股票进行赎回。

4.3.2 参与分红优先股

参与分红优先股属于优先股的一种,是指其持有人不仅可分取当年的定额股息,还可与普通股股东一同参加利润分配。对于投资者而言,这类股票的股息收入稳定可靠,在财产清偿时优于普通股股东。参与分红优先股的风险相对较小,因此,它是一种比较安全的投资方式。

4.3.3 投资倍数回报

投资倍数回报也称基金回报倍数,其计算公式为投资倍数回报=(收入+价格变动)/最初投资×100%。通过将获得回报的总价值显示为投资成本的倍数,投资者可更准确地了解本次投资的总体表现。

例如,道杰资本向雅本化学投资2 640万元,获得雅本化学10%股权。截至雅本化学上市前,道杰资本持有其7.5%股权,账面出售回报1.5亿元,投资回报率为4.67倍。不过,需要注意的是,这种方法并未考虑资金的时间价值。

4.3.4 有担保债权

担保债权是指因担保产生的权利与义务。其有以下四大特点。

(1)保证人向债权人担保债务人履行债务。当债务人不履行债务时,保证人履行或承担连带责任;保证人履行债务后,有权向债务人追偿。

(2)债务人或第三人可提供一定财产作为抵押物。债务人不履行债务时,债权人有权依据法律的规定以抵押物折价或以变卖抵押物的价款优先受偿。

(3)债务人在法律规定的范围内向投资者支付定金。债务人履行债务后,定金可抵作价款或收回。给付定金的一方不履行债务时,无权要求返还定金;接受定金的一方不履行债务的,应双倍返还。

(4)一方依据合同的约定占有对方的财产,对方若不依据合同给付应付款,超过约定期限时,占有人有权依照法律的规定以留置资产折价或以变卖该

财产的价款优先受偿。

如果投资者对创业者不放心，就会选择这类方式，要求创业者寻找第三方作为担保人。一旦公司出现破产清算的情况，投资者可以通过担保人获得赔偿，从而降低投资风险。

4.4 法律事务

在一般情况下，融资中的法律事务主要包括五大项，分别是：签署非法律约束性意向；对项目进行细致调查；确定投资架构；确定条款，签署投资协议；完成交割，做好投后管理。

4.4.1 签署非法律约束性意向书

在进行前期接触时，先要了解投资者类型。一般而言，投资者分为战略投资者与财务投资者两类。这两类投资者有不同的特点和投资习惯，公司需要根据自己的实际情况进行选择。

在确定投资者之后，创业者与投资者需要协商投资意向书（Term Sheet，TS）的内容，约定投资目标的大小、估值，即多少钱、占多少股份，此外还涉及可转换债券、信息披露及保密、尽职调查、融资方陈述保证、交割前提和条件、其他有关的商业条款、竞业禁止期限、独家谈判期限等。

要注意的是，意向文件不具有法律约束力，任何一方可随时终止合作；但除非出现重大意外或变故，否则意向文件通常都会得到尊重。简单来说，TS就是一个意向文件，上面记录了有关的商业条款，双方签字后，其可以成为后续具有法律约束力文件的依据。

4.4.2 对项目进行细致调查

在天使轮甚至 A 轮融资阶段，部分投资者对项目的尽职调查不太严格。通常尽职调查主要是在 A 轮融资以后进行的。

尽职调查的内容很多，不仅包括股权、知识产权、合同、牌照等内容，还有财务尽职调查、业务尽职调查等。

尽职调查是股权投资过程中必不可少的环节，投资者常常依据其结果，对目标公司进行客观评价，并形成详细的报告。同时，投资者也会依据尽职调查报告与风险控制报告进行决策。

4.4.3 确定投资架构

法律事务的第三步是要综合各个考虑因素，确定投资架构，其常见的考虑因素与架构类型如图 4-1 所示。

考虑因素

- 创业者应考虑自身的情况、资本市场的喜好、具体业务类型、拟上市地区交易所的要求等因素，从而选择出一种最合适的架构

架构类型

- 境外离岸架构：分为外商独资架构（woE架构）和新浪模式（VIIE架构）等，此类架构有助于海外融资和境外上市
- 境内直接投资：此架构有利于吸引人民币资金和在境内上市或挂牌

图 4-1　常见的考虑因素与架构类型

根据图 4-1 可知，在确定投资架构时，创业者需考虑自身的情况、资本市场的喜好以及具体的业务类型等因素，当然，最重要的还是了解投资者的投资倾向。

4.4.4 确定条款,签署投资协议

在确定投资架构后,创业者与投资者开始谈判协商,以确定所有的条款并签署投资协议,此外,双方还会按照谈判的进度签署备忘录或会议纪要。

在整个过程中,创业者律师会依据尽职调查的结果出具披露清单与法律意见书;投资者律师会依据法律与财务尽职调查的结果出具尽职调查报告,并在投资协议中加入交割前提条件及交割后续义务。

4.4.5 完成交割,做好投后管理

正式签署合同后,创业者及其公司需完成投资协议中规定的交割前提条件,包括一些审批手续、证照变更登记等。

交割完成后,依照投资协议,创业者及其公司可能还需履行一些其他义务,如按照投资协议解决公司问题、完成业绩指标、办理所需的权属变更手续、证照变更登记等。

4.5 会计事务

除了法律事务以外,会计事务也要做好,主要包括四大项:对公司资本进行验证、对公司财务报表进行审计、出具财务审计报告、对原始财务报表与申报财务报表的差异出具专项意见。

4.5.1 对公司资本进行验证

验资报告是指注册会计师依据《中国注册会计师审计准则第 1602 号——验

资》的规定，对被审验单位的股东（投资者、合伙人等）出资情况发表审验意见的书面文件。

进行公司资本验证的报告一般包含以下要素：

（1）标题；

（2）收件人；

（3）范围；

（4）意见；

（5）说明；

（6）附件；

（7）注册会计师的签名和盖章；

（8）会计师事务所的名称、地址及盖章；

（9）报告日期。

4.5.2 对公司财务报表进行审计

公司财务报表审计是指对公司资产负债表、现金流量表、会计报表附注及相关附表进行审计，并依法做出客观、公正的评价。进行公司财务报表审计的目的是判断其是否真实反映公司的经营状况与财务成果，从而维护投资者、股东的合法权益，并为出具报表审计报告提供依据。

4.5.3 出具财务审计报告

财务审计报告是由会计师事务所的注册会计师出具的有关公司会计的基础工作报告，如记账、核算、会计档案等工作是否符合会计规范，以及公司的制度是否健全等事项的报告，这是一种对财务收支、经营成果等全面审查后出具的客观评价报告。

4.5.4 对原始财务报表与申报财务报表的差异出具专项意见

本小节以某会计师事务所出具的原始财务报表与申报财务报表差异情况的审阅报告为范本,为各位创业者展示这一准备工作。

审阅报告

天职京审字[20××]第××号

××股份有限公司全体股东:

本所审阅了××股份有限公司(以下简称××公司)编制的2016年12月31日、2017年12月31日、2018年12月31日、2019年6月30日的资产负债表差异比较表,2016年度、2017年度、2018年度、2019年度的利润表差异比较表,以及就其差异原因进行说明的报告。

一、管理层的责任

依据中国证券监督管理委员会《公开发行证券的公司信息披露规范问答第7号——新旧会计准则过渡期间比较财务会计信息的编制和披露》及财政部颁布的《公司会计准则第38号——首次执行公司会计准则》相关规定,编制上述报表,以及就差异原因进行说明是××公司管理层的责任。

二、注册会计师的责任

本所是依据《中国注册会计师审阅准则第2101号——财务报表审阅》的规定执行审阅业务。审阅过程遵照了必要的审阅程序,也考虑了实际调查情况。

三、对报告使用者及使用目的的限定

本审阅报告仅供××公司首次公开发行股票时使用,除此之外不得用于其他任何目的。本所同意本审阅报告作为××公司首次公开发行股票的必备文件,与其他申报材料一起上报。

四、审阅意见

依据本所的审阅,本所尚未发现任何重大事项使本所相信××公司管理层编制的资产负债表差异比较表、利润表差异比较表及就其差异原因进行说明的报告未依据中国证券监督管理委员会《公开发行证券的公司信息披露规范问答第 7 号——新旧会计准则过渡期间比较财务会计信息的编制和披露》及财政部颁布的《公司会计准则第 38 号——首次执行公司会计准则》的规定编制。

中国·北京　二〇一×年×月×日
中国注册会计师：_____

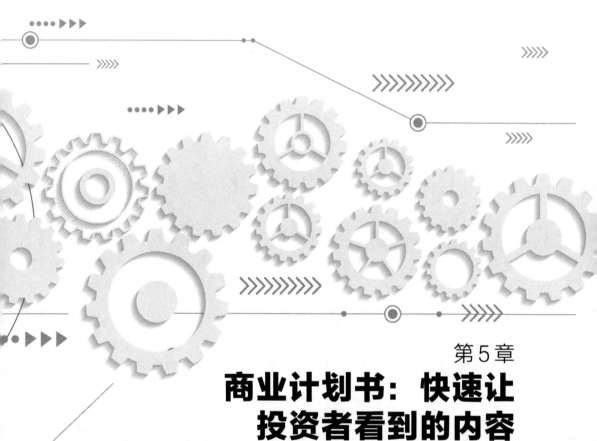

第 5 章
商业计划书：快速让投资者看到的内容

商业计划书是公司在融资过程中，依照一定规范拟定的对项目进行说明的材料，一般包括图片、PPT、文字等多种形式。商业计划书是投资者进行筛选评估的依据，可以帮助投资者决定将自己的资金投给哪一家公司，所以创业者必须高度重视。

5.1 项目本身

在一份商业计划书中,首先要展示出来的就是项目本身,其主要由四个部分组成,包括产品、商业模式、竞品解读和核心团队。

5.1.1 产品:定位和痛点及样品展示

只有让投资者认为产品是稳定的、有利可图的,才有可能引起投资者的兴趣。

在进行产品介绍时,需要用一句话或两段以内的内容将其表述出来,图5-1是一个关于知识付费模式"新据点"项目的介绍,图5-2是一个关于云服务市场"思询科技"项目的介绍。

我们发现,这两个商业计划书有一个共性,即能够简要说明"这是一个什么项目"。

> "新据点"是一个共享经济的新模式,通过组织探索8小时外机会的职场人为企业提供外脑服务,以实现认知盈余的变现。
>
> "新据点"将由一个线上聚合社群和专属线下空间组成。线上维护认知盈余者社群,线下通过不同的业务活动实现最终变现。

图5-1 "新据点"产品简介

第 5 章
商业计划书：快速让投资者看到的内容

> "思询科技"成立于2015年1月，总部位于上海。我们致力于利用共享经济模式打造一个B2B的云服务平台——JITStack云市场。JITStack云市场一端接入大量IDC云资源，另一端对接有需求的企业客户。接入平台的IDC，一类是广大有强烈云转型意愿并由我们协助转型的传统IDC，另一类是已具备云能力的新型IDC。对于需求方企业，它们通过JITStack云市场一站式获得最适合自身行业的云资源和全方位的增值服务。

图 5-2 "思询科技"产品简介

5.1.2 商业模式：流量获取与变现方法

因为投资者每天要浏览大量商业计划书，留给每一份商业计划书的时间会很少，所以创业者既要将"产品是什么"讲清楚，还要将"商业模式是什么"讲清楚。

商业模式分为运营模式和变现模式。运营模式是获取流量和品牌影响力的操作方法，是变现的逻辑支撑。"思询科技"的运营模式如图 5-3 所示。

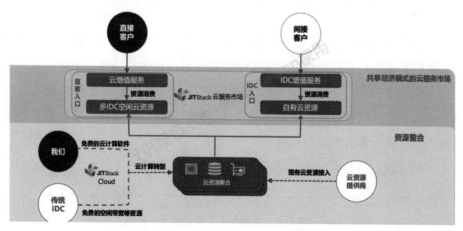

图 5-3 "思询科技"的运营模式

"新据点"的运营模式：引入知名培训引导师，利用空间进行培训和教练活动；引入新奇好玩的品牌产品，在空间内进行用户参与体验活动；保障空间使用率，同时沉淀参与者数据；在线上为 B 端用户精准匹配共创人才，并在线下空间组建共创工作坊，为公司提供外部协同创新；沉淀出超高级人才，成为合伙人；组织特定的合伙人为公司提供顾问服务，并以此获得股权回报。

"思询科技"的变现模式如图 5-4 所示（IDC 是对入驻公司、商户或网站服务器群进行托管的场所）。

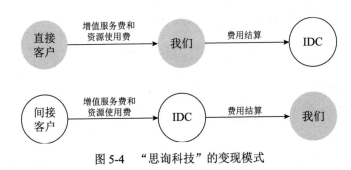

图 5-4 "思询科技"的变现模式

投资者在看了产品和商业模式的陈述后，已经对项目有了初步的判断，后续要进行的是对判断的验证。

5.1.3 竞品解读：市占率、利润率、变化预期

创业者在商业计划书中分析竞品，将自己的产品与之进行对比，可以向投资者间接证明自己已经过周密的考虑，并且对自己的产品信心十足。

对创业者来说，所在市场的竞争对手越少，项目成功的可能性越大，投资者当然也更喜欢"蓝海"市场中的项目。所以当你分析项目的竞争力时，应当列出同类竞争者的产品与规模。

一般来说，分析竞品需要思考以下几个问题，如图 5-5 所示。

> 1.竞争对手情况：是不是"红海"？竞争是否异常激烈？
>
> 2.巨头情况：有巨头吗？如果有，则需谨慎。
>
> 3.巨头数量：是不是有多家巨头？如果巨头互相残杀或者无暇顾及自己，那么可以抓住机会。

图 5-5 分析竞品

从业务层面上看，创业者会尽可能降低与巨头公司的业务重叠度，或者避免出现重叠。不过，如果创业公司的业务与巨头公司的上下游相关，那也可能与巨头公司成为竞争对手。

以电商为例，仅仅是在产品品类上与巨头有差异是不够的，因为巨头有充足的资金调整团队结构、业务方向及产品品类。创业者如果选择将巨头当作竞争对手，试图分得一杯羹，那么创业风险将会非常大。

5.1.4 核心团队：履历、目前角色、核心骨干

在介绍管理团队时，应重点介绍核心团队，将核心团队的从业经历和擅长领域凸显出来，以吸引投资者的注意力。下面摘录一段腾讯对核心团队的介绍，创业者在撰写商业计划书时可以将其作为参考。

马化腾：主要创办人，首席执行官

马化腾，腾讯主要创办人之一，董事会主席、执行董事兼首席执行官，全面负责本集团的策略规划、定位和管理。1998年创立本集团前，曾在中国电信服务和产品供应商深圳润迅通信发展有限公司主管互联网传呼系统的研究开发工作；1993年取得深圳大学理学学士学位，主修计算机及应用。

刘炽平：总裁

刘炽平，腾讯总裁。2005年加盟腾讯，出任首席战略投资官，负责公司战略、投资、并购和投资者关系；于2006年升任总裁，协助董事会主席兼首席执行官监督日常管理和运营。2007年，被任命为执行董事。

加入腾讯之前，曾担任高盛亚洲投资银行部的执行董事及电信、媒体与科技行业组的首席运营官，曾在麦肯锡从事管理咨询工作。

取得美国密歇根大学电子工程学士学位，斯坦福大学电子工程硕士学位以及西北大学凯洛格商学院工商管理硕士学位。

通过上面的介绍可以看出：在商业计划书中，应该首先介绍每一位管理者担任的角色，然后再详细介绍他们各自的职责、学历、工作经历等情况。

另外，商业计划书中还需要明确公司的管理目标，标明组织机构图，以便投资者对公司的管理团队有更为清楚的认识。

除了对核心团队进行描述，商业计划书中还需要介绍技术、销售、运营等方面的核心骨干成员，对这些成员的互补性和完整性进行展示，以增加融资的筹码。

运营数据

数据对于投资者来说最具有说服力，运营情况、财务现状、融资后的规划都需要通过数据展示出来。如果只有一份"干巴巴"的商业计划书，投资者根本无法对项目和公司产生切身感受，而数据可以让投资者对融资的实际情况有更加真实、具体的了解。

5.2.1　运营数据：市场占有率、增长率、增长预期

运营是一个抽象的概念，一份商业计划书中如果只用文字描述公司面临的竞争如何小、市场占有率如何大，会让投资者产生一种在说空话的感觉，降低其对公司和项目的好感。

为了不让这样的情况发生，在描述运营情况的时候，可以加上一些数据以提高说服力。但是，数据要使用合理才会产生好的效果，否则会适得其反。

一般来说，通过数据展示运营情况，可以从市场占有率、增长率、增长预期三个方面着手。

1. 市场占有率

每个行业都会存在竞争，如果公司实力比较强，市场占有率比较高，那

就应该将其大方地展示在商业计划书中,以便让投资者了解公司的实际情况。

在这一部分,可以重点介绍竞争对手,通过市场占有率来体现自己的优势。例如,圆通就将自己和主要竞争对手的市场占有率做成了饼状图放在商业计划书中向投资者展示,如图 5-6 所示。

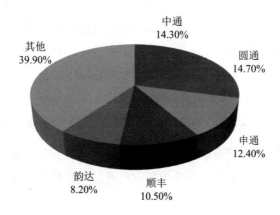

图 5-6　圆通及主要竞争者市场占有率饼状图

如果没有上述饼状图,只有干巴巴的文字,投资者很难对圆通的优势产生直观感受。因此,在介绍运营情况时,一定要使用数据,这样可以让投资者清楚了解他即将要投资的公司究竟是怎样的运营情况。

2. 增长率

随着时代的发展,各个行业的运营情况都会发生变化,或者降低,或者增长。所以,要想展示公司的优势,增长率也是一项比较重要的数据,而表格则是一个非常好的表现形式,如表 5-1 所示。

表 5-1　2013—2019 年公司增长率汇总

年　份	增长率(%)
2013	1.58
2014	2.03
2015	2.47
2016	3.12
2017	3.8

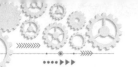

续表

年　份	增长率（%）
2018	4.6
2019	4.8

通过表 5-1 可以看出，该公司的增长率是逐年上升的。将这样的数据放在投资者面前，也就相当于将快速增长、不断扩大的发展前景展示给投资者。面对这样的诱惑，他又怎么会不心动呢？

3. 增长预期

增长预期是投资者最关心的内容之一，在介绍运营情况时不可或缺。虽然增长预期仅仅是对未来增长情况的估计，但其参考了公司实际情况及市场现状，有一定的数据保障，因此增长预期完全可以成为投资者权衡自身利益能否得到保障的一个依据。

为了避免出现错误，无论是文字型商业计划书还是 PPT 型商业计划书，都可以用表格、图片的形式来展示数据，让投资者看到他们感兴趣的信息，吸引他们进行投资。

5.2.2　财务数据：现金流、资金投入产出、固定成本

在商业计划书中，财务数据包括现金流、资金投入产出、固定成本等，这是投资者了解公司经济实力的依据，所以将其展示出来十分必要。

1. 现金流

每个公司在经营过程中都面临着大量的现金流，所以数据是很杂乱的，做商业计划书时应该将这些数据都整理在表格中，具体如表 5-2 所示。

表 5-2　现金流　　　　　　　　　　　　　　　单位：万元

年　份	2016	2017	2018	2019
经营中产生的现金流入小计	1 920	2 006	2 098	2 198
经营中产生的现金流出小计	1 031	1 079	1 131	1 187

续表

年　份	2016	2017	2018	2019
经营活动中产生的现金流量净额	889	927	967	1 011
投资活动中产生的现金流入小计	510	321	333	346
投资活动中产生的现金流出小计	200	200	200	200
现金流量净额	310	121	133	146

2. 资金投入产出

资金投入产出一般用表格来展示,将资金投入产出的类型放在左侧,具体金额放在右侧,一目了然。

此外,展示在商业计划书中的资金投入产出一般是公司中金额较大、比较重要的那部分。有的商业计划书将公司每一笔资金投入产出都展示出来,导致表格占用大量篇幅,字体小、数据多,看起来相当繁杂,投资者瞬间就会丧失深入阅读的兴趣。

3. 固定成本

展示固定成本的目的是让投资者了解公司的支出情况。投资者不允许公司拿着他们的钱四处挥霍,所以必须清楚知道公司要花多少钱,都花在了什么地方。某公司在制订商业计划书时就比较注重固定成本这一数据,将其详细地展示了出来,具体内容如下:

租金:办公场地租赁费用约 30 000 元 / 年

固定资产:800 000 元

办公家具购置约 100 000 元

公司注册营业执照及办理一般纳税人资质的费用:约 1 000 000 元

租赁办公设备、计算机、传真机、复印机、打印机等费用:6 000 元

3 个月办公及市场费用:30 400 元

杂费及工资:55 300 元(工资包括总经理、财务会计、业务员等所有员工的工资)

律师顾问费用:20 000 元

交通费用：100 000元

市场开发费用：10 000元

投资者会对这样花钱有计划的公司充满好感，因为这样他们会认为自己的钱不会被肆意挥霍和浪费。

最后需要注意的是，因为财务数据众多，在制作商业计划书的时候会耗费大量的时间和精力，而且一旦出现错误就可能导致结果出现严重偏差，所以一定要细心，每一个小细节都不能有问题。

5.2.3　融资后规划：阶段开支及比例

在投资前，投资者必须知道公司要如何规划资金，这个问题可以用一份周详的融资后规划表现出来。实际上，融资后规划应该在确定融资金额的时候就完成。因为公司只有在充分了解哪些地方需要资金，需要多少资金的情况下，才能确定融资所需的资金。在这个过程中，公司已经完成了融资后规划中最重要的部分，接下来只需要将数据进行整理，然后再选择一个合适的表现形式。

既然是规划，那就应该是条理清晰、逻辑缜密的，而且这是商业计划书中重要的部分，数据还比较多，所以应该用比较直观的语言来呈现，其范例如下：

一、期望融资金额：2 000万元人民币。

第一批：1 000万元。确定投资之后第一时间进账。

投资之后向公司注入第一批资金，使用周期是4个月。第一批资金用来为公司添置新的设备，提升公司的整体环境，维持公司正常运转，帮助公司更好地打开市场，提高市场影响力。

第二批：500万元。第一批资金的4个月周期到期时，第二批资金紧接着入账。

第二批资金的使用周期是3个月。第一批资金得到合理运用之后，公司已经有了很大发展，有能力去设计和研发新产品，第二批资金用来研发和推广新产品。

第三批：500万元。第二批资金的3个月周期到期时，第三批资金紧接着入账。

第三批资金的使用周期为3个月。第一批和第二批资金投入之后，公司的收益和市场地位都得到了提升，实力增强，各项业务都走上了稳定发展的轨道。第三批资金用来继续扩展业务，扩大公司规模。

在融资后规划中，最应该重视的是规划的科学性、合理性，即把资金用在对投资者有利的地方，例如，多在研发产品、开发市场方面安排资金。总之，融资后规划越能为投资者带来利益，投资者就越有可能投资。

5.3 投资者关注的回报、权利、收益

投资者对商业计划书中各个部分的关注程度是不一样的，一般来说，他们最关注的几个部分是：回报预期、股权、收益分配、退出机制，因为这几个部分与投资者的利益息息相关。

5.3.1 回报预期：估值增长

回报预期是商业计划书中最重要的部分，也是投资者最关心的内容，虽然其只是对盈利情况的估计，并不等于投资者最后可以获得的利益，但依然是投资者进行投资决策的依据。

如果公司通过商业计划书展示了良好的回报预期，那投资者很容易被吸引。所以，如果公司盈利非常丰厚，一定要将回报预期放到商业计划书中。

关于回报预期，其实有很多种表现形式，如表格、文字等。PPT 中通常会使用表格，具体可以参照以北京一家科技公司的回报预期表，如表 5-3 所示。

表 5-3 回报预期表　　　　　　　　　　　　　单位：万元

年　　份	2020	2021	2022	2023	2024
预期销售收入	6 500	10 000	14 000	22 000	34 000
预期净利润	1 500	5 000	5 500	7 900	12 000

这种方式的好处是，数据显示直观清楚，预期销售收入和预期净利润都可以充分展示出来。另外，在编制的时候，只要让投资者知道最后的结果即可，而不要把各个细小的数据都记录在表格中。

还有一种表现形式，是通过文字展示回报预期，这种表现形式比较适用于工作型商业计划书，但是必须要注意文字的简洁和精练。我们来看一个不太成功的案例：

这个项目需要 200 万元资金，投资者的回报可以通过以下几种方式获得：

第一，网站建立并实现盈利以后，投资者可以得到分成；

第二，网站发展壮大以后，我们会成立自己的公司，投资者可以得到公司的股份，赚取由股份带来的利益；

第三，公司符合上市标准后会选择上市，投资者可以通过卖出股票的方式来获取利润，得到相应的回报。

上述案例一直在介绍获得回报的方式，但闭口不谈具体的数额，这是不恰当的。因为投资者关心的并不是他获取利益的途径，而是到底能获取多少利益。

实际上，为了避免出现错误，更为了让投资者看到他们想了解的信息，无论是路演型商业计划书还是工作型商业计划书，都最好用表格来展示回报预期。

5.3.2 股权:投资多少换多少股份

创业者融资多少、出让多少股份直接关乎投资者投资多少、换多少股份。创业公司确定需要的融资金额以后,就可以根据估值确定投资者可以换多少股份。投资者换得的股份比例计算公式为股份比例=投入资金/估值。

确定好股份比例后,应当在投资条款中注明这样的内容:"公司设立完成后,投资者以人民币×××万元的投资后估值,对公司投资×××万元人民币进行溢价增资。增资完成后,公司注册资本增加为×××万元,投资者取得增资完成后公司××%的股权。"

5.3.3 收益分配

收益分配是将净利润按照一定的形式和顺序在公司和投资者之间进行分配,这直接与投资者的利益挂钩,他们非常关注。所以在制作商业计划书时,创业者需要将这一部分展示出来。那么,收益分配包括哪些内容呢?具体如图5-7所示。

1. 每年可供分配的收益来源项目和金额

2. 每年收益分配的方向和具体方案

3. 每年年末公司的未分配利润

图5-7 收益分配的内容

1. 每年可供分配的收益来源项目和金额

公司可供分配的收益由以下三部分组成。

本年净利润是可供分配收益的重要来源,应和损益表中披露的年度净利润保持一致。

年初未分配利润是指截至上年年末累计的未分配利润，同样是可供分配利润的重要组成部分。

其他转入主要是指盈余公积转入。当公司本年没有利润，年初未分配利润又不足时，为了让股东保持信心，公司会在遵守法规的前提下，让盈余公积参加利润分配。

2. 每年收益分配的方向和具体方案

根据《中华人民共和国公司法》的规定，一般公司和股份有限公司当前收益应按照下列顺序分配：

弥补以前年度亏损；提取法定盈余公积金；提取法定公益金；支付优先股股利；提取任意盈余公积金；支付普通股股利；转作资本（股本）的普通股股利。

这一顺序是不能颠倒的，也就是说，在公司以前年度的亏损未得到完全弥补前，不得提取法定盈余公积金和法定公益金；在提取法定盈余公积金和法定公益金以前，不得向投资者支付股息和利润；支付股利的顺序必须是先支付优先股股利后支付普通股股息。

3. 每年年末公司的未分配利润

公司对本年的净利润进行了上述分配后，仍有余额，即为本年的未分配利润。本年未分配利润加上上期未分配利润的合计数，即为本期未分配利润累积数。

5.3.4 退出机制

退出机制是实现投资者资金循环流动的有效途径，在商业计划书中，这一部分经常被放在最后介绍。一般来说，退出机制主要包括两项内容：退出方式、退出条件，具体可参照以下范例：

投资者不需要长期持有公司的股份，可以在满足条件的情况下，按照自己的意愿适时退出，拿到自己应该获得的利益。总之，我们一直以实现投资者资本增值的最大化为宗旨。

经过公司董事会的认真讨论，决定投资者在公司的持股时间至少要在两年以上，两年之后就可以通过适当的方式退出。退出的时候，要严格按照国家的法律法规执行，如果要提前退出，投资者需要与公司进行协商，由双方共同解决。

公司为投资者准备了三种退出方式：首次公开发行（Initial Public Offerings，IPO）、股份出售、公司并购，其中最成功、回报最多的是IPO。为了保证投资者能够以这种方式退出，我们公司将设立创业板。

具体战略规划是：2019年实现股份制改造；2020年达到上市标准，成功在创业板上市。我们将时刻关注创业板的市场情况，与证券界保持密切的联系，争取达成在2020年上市的目标，到了那个时候，投资者可以成功从公司当中退出。

该退出机制将退出条件和退出方式展示得比较清楚，而且还直接告诉投资者哪一个退出方式最合适，这是非常大的亮点。另外，公司还将上市的战略规划和措施都展示在商业计划书中，投资者可以由此看到自己退出的希望，这样比较能吸引他们。

商业计划书撰写常见五大错误

每个创业者都会撰写商业计划书，但是并不是所有的商业计划书都能得到投资者青睐，这虽然与项目本身有直接的关系，但商业计划书的撰写不合格也是一个重要原因。

5.4.1 群发商业计划书

在融资的过程中,公司常常会为了增加商业计划书被看中的机会,选择与多个投资者进行交流和沟通。因此,在发送商业计划书时很可能会出现群发的情况。毋庸置疑,群发能够节省时间,提高效率,但是这样未免显得诚意不足。

对待群发的商业计划书,比较有耐心的投资者会打开看一下,但是大多数投资者会直接将其扔进垃圾箱,这样,公司的项目再好,也没有被投资者发现的机会。

其实,公司向投资者投递商业计划书本身就是一次较为简单的商务沟通。投资者通常十分看重公司的商务沟通能力,公司所表现出的诚意也会成为投资者对项目进行筛选的一个重要评判标准,而邮件群发不仅是商务沟通中的大忌,还会让投资者重新衡量公司的诚意。

一般来说,创业者如果想同时获得多个投资者的注意,将商业计划书进行群发是可以的,但一定不能让投资者看出来。试想,要是创业者在发送列表中十分明显地标注着其他多个投资者,就像上级发送通知一样,投资者怎么会不反感呢?

因此,公司尽量还是不要群发商业计划书,如果时间紧,必须要群发,也要表现出自己的"专一",将自己想要获得融资的真诚表现出来。只有让投资者感到自己在和公司进行一对一交流,才可能提高商业计划书的投递效果。

另外,创业者在给投资者发送商业计划书时,还需要注意一些细节性问题,不要犯低级的错误,如字体不统一、文字颜色不统一、乱用标题等,这些都会影响到商业计划书的质量,导致融资出现问题。

5.4.2 模糊与背景和团队有关的内容

模糊与背景和团队有关的内容是商业计划书中常见的错误之一。通常在早期的投资过程中,投资者看中的就是人,即项目的创始人和核心团队,所以在商业计划书中要将自己的背景和团队表现出来。

市场是复杂多变的,创业的过程充满未知数,项目的运作环境也呈动态变化。刚刚成立的公司,更是会不断面对产品、市场、竞争、融资等各种挑战。

这时,就需要团队发挥作用。创始人和核心团队需要具备在变化中纠正创业方向的能力,以降低试错成本。

在市场面临资本寒冬时,数以万计的创业公司会破产、倒闭,但是,一些有实力、有能力的创业公司却能够挺过难关,这与其创业团队的努力是分不开的。

最具代表性的公司就是阿里巴巴。当初它曾靠着创始人马云及其核心团队融资的3 000万美元安然渡过了危机,最终成为首屈一指的互联网公司。

所以,在创业期间,经验丰富的创始人和核心团队能够大大降低创业失败的风险。在进行融资时,投资者也会特别注重这一点。

其实,中小公司或创业者在撰写商业计划书时,会有意隐藏自己的背景经历和创业团队,最常见的原因是他们认为自己的背景经历和团队不够优秀,对投资者产生不了强大的吸引力。如果对自己和团队进行详细介绍,不仅不会为融资项目加分,还会让投资者对项目的成功产生怀疑。

但是,这样做很可能会产生相反的效果,使得融资项目被投资者直接筛掉。那么,应该如何做才能获得投资者的青睐呢?

正确的做法是,在邮件正文中将自己和团队的背景和经验介绍清楚,并将团队的核心能力和突出特色展示出来,让投资者能够从中看到公司的优势。

如果创业者的背景和团队并不突出,那么就更应该将真实情况表述出来,以此来消减投资者对项目的怀疑,这会增加公司对投资者的吸引力,提高项目融资成功的可能性。

其实,投资者在考虑投资时,并不仅仅关注创始人是否有足够耀眼的经历和成绩,还会特别关注团队的构成情况及成员的行业经验。

如果成员之间拥有很好的互补性,就能够在面临复杂的市场变化时准确找到应对的方向。而且,团队的灵活性、强烈的求胜心、解决问题的能力及创业的激情和严谨的态度都是特别受投资者青睐的。

所以,在商业计划书中,需要将创业者的背景和团队的情况进行详细描述,

着重介绍创业者的优势和团队的协同作战能力，这样就能够在很大程度上为公司和项目加分。

5.4.3 和投资者打"感情牌"

商场如战场，商场上没有人相信眼泪。所以，一些创业者试图在邮件里打"感情牌"的做法是不可取的。这种做法也是商业计划书撰写过程中常见的错误之一。

比如，某创始人在发送的商业计划书中出现了这样一段内容：

您好，我是一名历经三次失败的创业者。我从小家里的条件不好，在创业的过程中也屡屡碰壁，但是我还是有一颗奋斗的心。现在我这里有一个创业项目，希望您看一看……

通常，以这样内容开头的商业计划书都会在第一轮的筛选中被淘汰掉。在商言商，商业计划书中加入这些感性内容，往往会降低双方沟通的效率，有时还会给投资者留下不好的印象。

快看漫画在成立初期，就显示出了强大的吸金能力，短短半年时间，就迅速在市场上获得 300 万美元的 A 轮投资，紧接着又获得了 1.77 亿美元的 D 轮融资。

拥有 800 多万名粉丝的"90 后"美女漫画家"伟大的安妮"曾发表了一条名为"对不起，我只过 1% 的生活"的微博，该微博用插图绘画的方式讲述了她"如何走上漫画家的道路"的故事。

一天内，该微博的转发量超过 40 万，点赞人数超过 34 万，还有将近 10 万条评论，"伟大的安妮"也顺势推出自己开发的"快看漫画"APP。当时，超过 30 万的用户下载了她的 APP，此 APP 也拿到了 App Store 里漫画免费榜排名的榜首。

如果单个 APP 的推广价值为 5 元，安妮的这次营销为她带来了 150 万元的收益。此外营销成功的背后还有许多隐含的利益，例如更多的粉丝、更多的读者、更高的知名度、更多的商业合作机会等。

如果你从中总结出快看漫画是利用了"感情牌"这一要素获得了两轮融资，那么你就太小瞧金融领域的投资者和投资团队了。投资团队和独立投资者在进行投资时，绝不会把自己的感性认知放在理智前面，他们看中的绝对是项目本身的投资价值。

快看漫画之所以能够获得大笔融资，是因为其创业项目本身有巨大的潜力和价值。"对不起，我只过1%的生活"的爆红为快看漫画带来了巨大的流量，这些流量可转化为巨大的商业利益，并对投资者产生强大的吸引力。

在媒体报道中，大家看到的是草根创业故事，其中蕴含着崇高的理想和情怀，但是这些都是在融资成功，公司获得大的发展之后呈现的。在投资界，利益是第一位的，这是投资者对商业本质的坚持，想要获得融资，还是得有能够盈利的项目做基础。

所以，在撰写商业计划书时，要更多地分析融资项目的商业逻辑和可行性，为投资者提供简明扼要的项目介绍，这样才能够显示出创业者的专业和成熟。

5.4.4 过度使用生僻概念

过度使用生僻概念是商业计划书撰写过程中的另一个常见错误。公司撰写商业计划书的目的是拿到投资，所以为了方便投资者看懂商业计划书，就不要使用一些自造的生僻概念来包装项目。

有些创业者认为，越是专业、难懂的名词，就越能让项目看起来有深度和价值，如"切入式互联网教育平台""跨境垂直的自媒体电商社群"。

这些名词被写进商业计划书，往往会让投资者花费更多的精力去分辨，反而不能很好地吸引投资者。

一般来讲，商业计划书的撰写遵循的是"一句话讲清楚你的项目"原则，即用最简单的概念和语言将项目清楚、完整地表述出来。这样既能够节省投资者的时间，还能够让投资者看到项目的本质，以便他们更快地对项目做出投资判断。

的确，现在多数投资者会比较喜欢用概念为项目做定义，但是投资者所倾向的概念与某些公司自造的概念完全是两码事。投资者启用概念化思维的目的是简明直观地了解项目，以便自己能够迅速判断出投资的方向和项目的价值。

最后，概念与创造价值并不是等价的，在商业计划书中胡乱套用概念只会适得其反。

如果确实不清楚从哪个角度包装项目，那就用最通俗易懂的概念，这样至少能够保证投资者知道商业计划书讲了哪些内容，比让投资者看不懂项目要好很多。

5.4.5　没有提前了解投资者

在发送商业计划书时，公司需要对投资者有详细的了解，这样才能"投其所好"，找到投资者的投资兴趣点。事先不了解投资者，是商业计划书投递过程中的一大忌讳。

一般来说，投资者都会有其投资的偏好，这些信息在网上都可以找到。如投资者偏向的投资领域、看中的项目团队、投资趋势判断等，都能够在很大程度上为公司选择投资者提供依据。

在融资过程中，一些有心的创业者会在融资前想方设法寻找与项目相关的信息，将投资者的投资倾向和注意事项都掌握透彻，进而去接触相应的投资者。

由于融资和投资双方对项目的关注点大体相同，其契合度就会相应提高，最后达成合作的概率也会高很多。

举例来讲，在投递商业计划书时，在邮件的开头写上："近日在××上看到您的文章《×××》，刚巧，我们的项目与您的文章内容相关度很高，希望您能抽出短暂的时间看一下邮件……"

当这样的邮件被投资者看到后，他们能从中感受到公司的用心和诚意，从而产生进一步交流的欲望。那么，公司应该从哪几个方面对投资者进行了解？具体如图 5-8 所示。

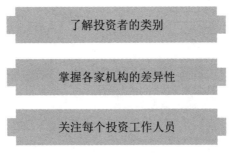

图5-8 了解投资者的三大重要方面

1. 了解投资者的类别

从投资额度来说,有的投资者只在天使轮进行投资,有的投资者从天使轮到上市都可以进行投资。

从行业角度来说,由于投资者的时间有限,不可能对所有行业都有深入了解。例如,有的投资者专注于人工智能、机器人领域,有的投资者专注于游戏领域等。

2. 掌握各家机构的差异性

在投资行业,各家投资机构是存在很大差异的,造成这种差异的原因包括资本的来源、团队的组成及发展的策略等。

在操作层面上,投资机构的投资流程都大同小异。但是公司也需要了解和掌握其中的差异性。

3. 关注每个投资工作人员

在融资过程中,投资者会进行详细的尽职调查,而由于职位、阅历、关注领域等不同,不同的投资者往往会有不同的习惯和偏好,这就需要公司提前了解每一位投资者。例如,投资团队内的一位投资者特别喜欢某个项目,但是另一位投资者则对此不感兴趣,面对这种差异,创业者必须要仔细分析他们的意见,争取获得多数投资者的青睐和支持。

第6章
融资路演：有逻辑地说出你的项目

融资路演是向投资者介绍项目的过程，通常以面对面的形式进行。在这一过程中，有很多需要注意的地方，如PPT的制作、结构的选择、问题的解决等。

6.1 融资路演 PPT 的制作技巧

PPT 在路演过程中扮演着不可或缺的角色，其质量在很大程度上影响着融资的最终结果。因此，对于各大公司来说，制作一份完美的 PPT 十分关键，其中有三个重点：字体的正确使用、页数的把控、背景的选择。

6.1.1 字体的正确使用

在整个路演的 PPT 中，字体不可能完全一样，大小、粗细都有讲究。那么，应该如何正确使用字体呢？可以从以下几个方面着手。

1. 大号字体的使用

一般来说，在将一页 PPT 展示给投资者时，他们首先注意到的是最大号字体的内容，所以，应该将整页中最重要的内容用大号字体表示出来。

那么最重要的内容是什么呢？应该是这页 PPT 中要讲的主题。例如，这页 PPT 是讲融资计划，那么"融资计划"这四个字就应该用大号字体显示；又如，这页 PPT 是展示产品，那么就应该将产品的标题用大号字体显示。就像 VR 空间商业计划书的 PPT 一样，如图 6-1 所示。

这页 PPT 要介绍公司的运营模式，所以将"运营模式"用大号字体显示，具体的内容使用小号字体。这样一来，投资者可以很清晰地看出这页 PPT 主要讲什么内容，不至于出现当介绍人讲 PPT 的时候投资者都不知道其在讲什么内容的情况。

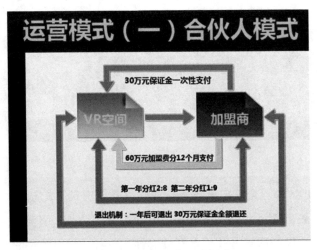

图 6-1　VR 空间商业计划书

使用大号字体是为了让投资者看清楚一些重要的内容，如商业计划书的名称、主讲内容的标题。将这些内容用大号字体表示出来，再加上介绍人的详细介绍，投资者就可以进一步了解 PPT。

不过要注意把握大号字体的大小，虽然越大越能引起注意，但是也不能过大，要根据这页 PPT 的内容进行分配，尽量保证标题和具体内容在一起展示。

所以，如果标题的字号设置得太大，具体内容在本页中展示不开，就要适当缩小字号。不过一定要记得，标题的字号一定要比具体内容的字号大。

2. 粗体字的使用

粗体字其实和大号字体一样，都是为了引起投资者的注意。适合使用粗体的地方和适合使用大号字体的地方有很多重合，有的公司为了对不同的内容进行区分，会在使用大号字体的基础上还对其进行加粗。

一般来说，概括性的语句应该使用粗体字或者大号字体。例如，在介绍项目的市场时，一两句话可能说不清楚，要进行较为详细的描述，这里就可以将"我们的项目有着广阔的市场"这几个字加粗加大，投资者一看就可以明白。

先来看一个案例，如图 6-2 所示。

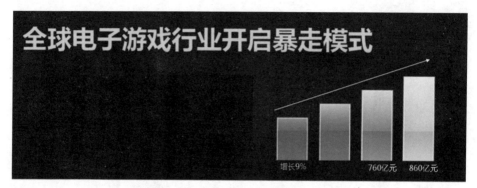

图 6-2　粗体字的使用

在这页 PPT 中,"全球电子游戏行业开启暴走模式"这几个字被加粗加大,看起来非常显眼,投资者可以迅速知道下面的文字是在介绍全球电子游戏行业的快速发展。这样的展示方式非常有针对性,节省了双方的时间。

还有一种情况是只使用粗体字,这在介绍同一部分内容的不同要点时较为适用,如图 6-3 所示。

- **立足郑州,打造精品体验店**
  自建精品体验店,打造模板,以便快速拓展复制。门店功能:自提,送货,茶艺活动,茶艺培训

- **收购茶店,迅速开设线下门店**
  优选位置好、无品牌的茶店进行收购,统一装修风格和运营管理

- **渠道整合,布局全国**
  1.整合现有渠道资源,店铺挂牌运营
  2.向全国市场拓展,开放开店接口,允许茶店自助开店

图 6-3　粗体字的使用

该 PPT 是将自己公司的门店改造计划部分中的措施用粗体字显示出来,用正常的字体对各个措施的具体内容进行介绍。因为这一部分包含的内容较多,所以概括性文字的字体并没有加大,只进行了加粗,这样看起来比较协调。制作 PPT 时,可以借鉴此案例。

3. 正常字体的使用

一份PPT中使用最多的还是简单的正常字体，这些字体一般是在介绍具体内容的时候使用，没有加粗，没有加大，因为介绍人还要对这些具体内容进行语言上的介绍，所以没有必要突出。

对于正常字体的使用并没有具体的规定，只要符合PPT的整体风格，看起来舒服就可以。例如，同一页PPT中相同内容的字体和字号及颜色保持一致，这样会显得比较协调。

6.1.2 页数的把控

在制作PPT的时候，很多制作者不知道应该制作多少页，少了怕要点展示不全，多了又怕投资者没有耐心看，所以左右为难。其实，对于PPT的页数并没有明确规定，有的公司认为页数越多越好，因为可以向投资者展示更多的内容，获得投资的概率会更大。

事实并不是这样。曾经有家公司做了将近100页的PPT，这个数量可以说是非常多了，但展示到后期的时候，投资者的耐心早就没有了，根本没有心情去看、去听，所以内容再好、再详尽也无济于事。

一份PPT较为合适的页数是5～7页，这样既可以展示最重要的内容，又不会过度消耗投资者的耐心。有的人可能会觉得这个页数有点少，其实不然，这几页PPT足以把重要的内容展示出来了，可以这么分配：公司、产品（服务）、市场、盈利预期、融资计划、退出机制这几个部分各占用1页PPT，一共是6页，再给计划书的标题留下最前面的1页，这样一来，完全可以在7页之内将每个部分介绍清楚。

如果有的内容在一页PPT中展示不全，我们可以调整字号，只要字号不会太小就完全没有问题；如果公司必须要展示的内容真的不能控制在7页之内，那么可以稍微多一点，不过也一定要保证控制在10页之内。

投资者每天要看很多份PPT，页数太多的话，他们没有耐心也没有精力去认真看。因此，页数一定要把握好，不要因为这个错失获得投资的良机。

实际上,即使没有展示所有的内容也没有关系,因为其他公司的情况也一样,投资者不会因为 PPT 中没有把所有的内容都展示出来就否定该项目,不给项目投资。

在这几页 PPT 中,投资者看重的是亮点,哪个公司展示的亮点多,他们的投资决策就会偏向哪个公司。所以,在制作 PPT 时,要考虑的不是如何把所有的内容都展示出来,而是如何在这几页 PPT 中展示更多的亮点。

所以,在选择内容的时候,要选那些公司做得非常好的内容。例如,公司的团队非常优秀,那么就把团队展示在 PPT 中,这就会成为投资者眼中的亮点。展示的亮点越多,获得投资的概率也就越大。

6.1.3 背景的选择

在制作 PPT 时,选择一套合适的背景非常重要,有的公司并不注意这些,直接将内容放在空白的背景中,这是非常不明智的做法,因为这会让投资者觉得创业者的前期工作不充分,对这次融资根本不重视,他们也就不会投资。

对于背景的选择,必须要记住的最重要的一点就是保证内容与背景的对比度。对比度越高,内容展示得也就越清楚,投资者看起来也越轻松、越舒服。

节省了投资者看 PPT 的时间和精力,投资者就可以把重心放在听介绍人对具体内容的介绍上。这样一来,投资者可以注意到更多关于此次融资项目的亮点。

要想实现内容与背景的高对比度,在选择背景时应该尽量以浅色为主,追求简洁、素雅、大方,而不能太过花哨。如果只考虑美观,而选择一个设计感很强、颜色丰富的背景,那么就会产生喧宾夺主的后果,分散投资者的注意力。

要提高背景与内容的对比度还有一个非常实用的方法,那就是将字体设置成与背景颜色相差很大的颜色,例如白色的背景配上黑色的字,内容就会被展示得很清楚了。

无论是在工作还是学习时,我们都看过不少 PPT,通过观看这些 PPT,我们应该知道浅颜色背景下的内容看起来更加清晰,而深颜色背景下的内容看起来就比较费力,那么公司为什么不去选择一个让人看起来清楚、舒服的背景呢?

综上所述，在为PPT选择背景时，要想实现内容与背景的高对比度，应该选择颜色较浅的背景，如白色、粉色、浅蓝色、黄色等，而黑色、深蓝、靛青等颜色较深则要谨慎使用，最好是不用。

选择好合适的背景，然后再选择一个与背景相差较大的字体颜色，就可以通过高对比度将亮点很好地展示出来，为投资者呈现一个最清晰的PPT。

6.2 融资路演结构

大多数创业者可能都见过这样的情形：一个人在台上从容不迫地介绍项目，看不出一点紧张和焦虑的情绪，从始至终都充满热情，投资者也在台下努力配合，认真聆听，但最后却没有取得很好的效果。这是为什么呢？

主要就是因为这个人讲了一大堆杂乱无章的话，投资者即使认真聆听，也很难甚至无法理解他的意图。因此，在进行路演之前，必须先选择好结构，目前比较常用的有4个：黄金圈法则结构、PREP结构、时间轴结构、金字塔结构。

6.2.1 黄金圈法则结构：圈圈相套

顾名思义，黄金圈法则结构其实就是三个套在一起的圈，其中，内圈是Why（为什么），中圈是How（怎么做），外圈是What（做什么），如图6-4所示。

黄金圈法则结构最早由演讲者西蒙·O.斯涅克（Simon O. Sinek）提出，他认为在和听众沟通的时候应该遵循从内圈到中圈再到外圈的顺序，即从Why到How再到What，这样更容易激发听众的热情和积极性。

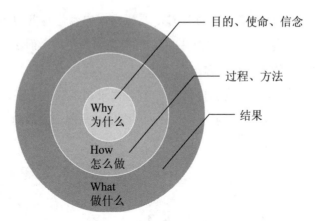

图 6-4 黄金圈法则结构图

详细来说,内圈是 Why,关键点是目的、使命、信念,即为什么要做;中圈是 How,关键点是过程、方法,也就是具体应该怎么做;外圈是 What,关键点是结果,主要说明这是一件什么事情,有什么特点,做了什么。

举一个比较具有代表性的例子,如果苹果公司想通过黄金圈法则结构让投资者了解自己,需要从 3 个部分着手。

首先,从内圈的 Why 说起,也就是为什么苹果公司会存在。核心使命是改变市场的现状、打破固有的思维模式。

其次,介绍中圈的 How,也就是如何实现自己的核心使命。方法是研发并生产出性能高、速度快、体验好的产品。

最后,阐述外圈的 What,也就是苹果究竟是一家什么样的公司。苹果是一家专门生产手机、计算机等数码产品的公司,同时也是行业中的佼佼者。

由此可见,黄金圈法则结构更适合为投资者介绍公司、产品或者项目。以介绍产品为例,先阐述为什么要研发并生产这个产品(Why);然后再阐述这个产品怎样帮助或者改变用户(How);最后再阐述这个产品具有的作用和价值(What)。

如果能在这三个圈中各加入一个故事,融资的成功率还会进一步提高。以某公司创始人进行的一次路演为例,路演的开头,这个创始人说:"今天我想讨论改变世界的话题,想跟各位投资者讲三个故事。"这三个故事就完全符合了黄金圈法则结构:

第一个故事讲的是他为什么要做这个项目,也就是黄金圈法则结构中的Why。

第二个故事讲的是他如何做这个项目以及如何做好这个项目,也就是黄金圈法则结构中的How。

第三个故事讲的是他做这个项目的结果是什么,这个结果赋予了他什么,也就是黄金圈法则结构中的What。

讲完三个故事以后,创始人就开始收尾,在黄金圈法则结构的助力下,他完成了一次非常合格的路演。一方面,把自己和项目阐述得非常清楚;另一方面,把一个宏大的主题诠释得既到位又完美,赢得了投资者的心。

在正式的路演中,如果希望让投资者尽快了解公司、产品、项目的话,那就可以使用比较常见也比较简单的黄金圈法则结构,因为该结构可以充分且立体地展示出与公司、产品、项目相关的方方面面内容,从而得到很好的效果。

6.2.2 PREP结构:基础的总分总

如果单从字眼上看PREP结构,可能会觉得比较晦涩难懂,但事实上其本质就是最基础的总分总结构。PREP结构由以下4个部分组成,如图6-5所示。

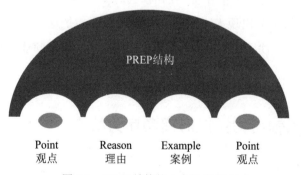

图6-5 PREP结构的4个组成部分

从图6-5可以看出,PREP结构其实就是最经典的作文结构,相信很多人在上学的时候就经常使用。而这一结构也是路演中的"法宝"。在使用PREP结构进行路演的过程中,应该注意以下4个方面的问题。

（1）在一开始就表明观点，切忌有半点犹豫。

（2）给出的理由不需要太多，两三个就可以。一般情况下两个比较合适，因为这样更容易把握好案例部分。

（3）最好将自己的经历或故事作为案例，以提升说服力和吸引力。

（4）路演结束之前，必须要重新强调一下自己的观点。

下面举一个例子。假设让你利用PREP结构在路演中介绍锤子手机，那可以这样安排。

Point（观点）——任何一个不愿意平庸的人都应该拥有一部锤子手机。

Reason（理由）——第一个理由是，无论是品牌，还是外观、配置，抑或是软件，锤子手机都可以让你成为一个引人注目的人。第二个理由是，锤子手机可以展现个性，这是全世界都知道的事情。

Example（案例）——前段时间，我参加了一个聚会，中途来了一个我根本不认识的人，他的手机马上就要没电，但全场没有人带充电宝或者充电器。就在这时，我把自己的锤子手机拿出来，帮这个人把手机充满了电。这个人第一次知道，锤子手机还可以为其他手机充电，于是他加了我的微信，和我成为好朋友，同时也成为锤子手机的忠实用户。

Point（观点）——想要成为人群中最耀眼的那一个吗？赶紧选择锤子手机。

PREP结构的逻辑性非常强，在路演的时候，只要遵循观点、理由、案例、观点的顺序，就不会出现太大的错误。不过，要想把这一结构运用好，还要多练习、多实践，并且在路演前做好充分准备，如熟悉商业计划书、编排好案例等。

6.2.3　时间轴结构：以时间顺序为核心

时间轴结构也不难理解，就是按照时间顺序来进行介绍，在使用这一结构的时候，无论是讲事实也好，还是谈想法也罢，关键是要有时间轴。

时间轴结构之所以会成为常见结构，主要就是因为它可以通过时间线索，将不同的事物或者故事联系在一起，并赋予其清晰的逻辑。一般来说，该结构比较适合创始人、董事长、总裁、总经理等高层领导使用，毕竟其特点就是大气磅礴，而且动不动就要延伸五年、十年，甚至上百年。

那么，究竟如何在路演中使用时间轴结构呢？最关键的一点就是，发现不同事物或者故事之间的关系，并在此基础上进行先后顺序的排列。

在使用时间轴结构方面，某公司的创始人就做得非常不错，他在路演过程中讲道："七八年以前，我在上海建立了一家公司，它孕育于自由，并且献身给一种理念，即每一位员工都有发挥创意的机会。"这句话涉及了第一个时间点——"七八年以前"，阐述了过去的事情。

之后又说："现在，我们正在经历一次伟大的变革，我们在试验，看看拥有这种理念的公司，是否能长久存在。"这里涉及了第二个时间点——"现在"，内容着眼于当下。

为了提升投资者的信心，他又提到了第三个时间点——"将来"，他具体是这样说的："公司的员工都愿意献身于我们面前所进行的伟大工作，要让所有的用户都用上我们的好产品。"

在上述案例中，这个创始人使用了以"过去—当下—将来"为主线的时间轴，一方面，可以充分体现公司的发展过程；另一方面，可以通过发展过程，预测公司将来的走向。

所以，在阐述一个公司如何发展和前进的时候，时间轴结构是一个非常不错的选择。

6.2.4　金字塔结构：强大的引导性

与 PREP 结构相同，金字塔结构也有 4 个组成部分，具体如图 6-6 所示。

那么，金字塔结构应该如何使用呢？下面以某部门经理所做的路演为例，介绍一下其使用方法。如果该部门经理想通过金字塔结构安排路演内容的话，那就应该从图 6-6 中的 4 个组成部分着手。

问题——去年，我们公司的销售业务没有取得好成绩，销售总量下滑了 25%，这是绝对不被允许的。对此，我们已经给予足够的重视。

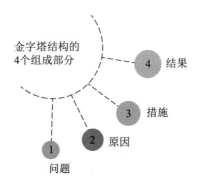

图 6-6　金字塔结构的 4 个组成部分

原因——经过我的认真调查,发现导致销售量下滑的主要原因有两个。第一个是,新产品存在比较严重的质量问题,使用体验不够好;第二个是,市场上出现了很多强有力的竞品,竞争压力越来越大。

措施——首先,我们会严格把控和监测产品的质量,只要发现有不合格的产品,立即停止销售;其次,我们必须团结起来,找到可以打败竞品的新卖点和销售策略。

结果——通过市场调研,我们得到了很多有价值的数据,并在这些数据的基础上制定了解决措施。另外,研发部门、采购部门也提供了一些比较不错的建议,有助于销售总量的提升。

可以说,金字塔结构不仅容易让听众理解,而且非常实用。实际上,在很早之前,某公司就使用金字塔结构完成了一次非常成功的路演,但该公司对该结构中的 4 个组成部分的顺序进行了调整,具体如下:

原因——通过一个大家熟悉的情景来展示原因;

问题——这一情景带来什么样的问题;

措施——我们应该如何解决问题;

结果——问题究竟有没有被顺利解决。

这里必须注意的是,在各个组成部分中,还可以嵌套其他类型的表达结构。例如,在阐述解决方案的时候,嵌入平行的表达结构,从加强监管、更新公司职能结构、进一步分析市场、每位员工都会参加等方面进行详细说明。

金字塔结构有很强的引导性,可以将投资者的激情带动起来。当然,如果介绍的言语再煽情一些、介绍者的情绪再高亢一些，路演的效果还会更好。因此，金字塔结构其实是一个非常高明的选择，运用好这一结构完全可以打造出一场现象级路演。

6.3 融资路演出现的问题及解决方案

同样是做路演，为什么有些人可以获得投资者的青睐和赞扬，而有些人却不能呢？因为后者没有掌握解决问题的方案。在一场路演中，很有可能出现各种各样的意外，如果无法冷静应对，就很难让投资者接收足够多的信息。

6.3.1 激发投资者兴趣

在进行路演的时候，投资者很可能会分心，无法集中注意力，所以我们必须充分激发他的兴趣，而实现这一目标的最好办法就是讲述与梦想和情怀有关的内容。

梦想是我们并不陌生的词汇，它是一个人对未来的憧憬与希望，有梦想的人会为了实现自己的梦想而去努力奋斗；情怀是一种带有感情的心理状态，是一个人价值倾向的体现。

这两个词也许和融资、创业并不搭界，却和创始人有着千丝万缕的联系。是梦想支撑着创始人在艰难的创业之路上砥砺前行，是情怀让创始人在创业之路精益求精，坚持做高质量的产品。

一个有梦想、有情怀的创始人对投资者来说是十分具有吸引力的，这代表着他们对事业和品质的追求，这些在后期都是可以变成实际利益的。在商界，有梦想、有情怀的创始人并不在少数，下面以魅族创始人黄章和小米创始人雷军的例子来说明。

魅族是国内最早做智能手机的厂商之一，它的最大特点就是小而美，在辉煌时期有"中国苹果手机"的美誉。大家对魅族的创始人黄章可能了解得比较少，其实他从小时候就对电子科技有很大兴趣，经常将家里的电话拆开，看看里面的构造，这也促使他从小就有一个梦想——研制一款属于自己的手机。

在研制第一款手机魅族 M8 时，黄章倾注了大量的汗水和心血，最终凭着梦想的力量使魅族手机成功进入市场。虽然第一代手机并不是那么完美，存在着不少的漏洞，但是依旧成为魅族手机的经典，也成就了黄章。另外，黄章也亲自参与了魅族 MX3 的设计，先是用木头对其进行打磨，之后又进行 3D 扫描设计。然而，在真机被放到黄章手上之后，他总觉得这不是自己想要的手感，于是又花费时间和精力进行了重新制作。

正是黄章的梦想和情怀促使着他要做出使用户满意的优质产品，也正因如此使得魅族获得广大用户的好评。

在这部分还有一个不得不提的人就是小米的创始人雷军，在《雷军：人因梦想而伟大》一书中提到雷军的梦想是创立一个受人尊敬的公司，是的，他成功了，他在 40 岁的时候完成了 18 岁的梦想，创立了小米。

接着，雷军用了 3 年的时间带领小米取得了非常亮眼的成绩，正是他 18 岁的梦想支撑着他在 40 岁的时候依然在逐梦的路上坚持，最终获得了成功。

工程师出身的雷军并不善言辞，他自己也曾表示他的演讲水平与马云相比有很大的差距，但是他的情怀没有体现在长篇大论中，而是体现在为用户制造出物美价廉的产品中。

小米在制造中采用的都是顶级的配件，一款旗舰版手机完全可以卖出 4 000 元左右的价格，但雷军为了满足用户物美价廉的需求，硬生生将价格压到 1 999 元，并且用低价的红米系列手机与那些山寨机抗衡，消灭了大部分的山寨机，其他国产手机厂商也受到启发，纷纷跟进，使得用户使用到优质且价格低廉的手机。

就算是小米系列中的高端手机，为了用户的利益，雷军也不会定价过高，例如，使得大众眼前一亮的小米 MIX，屏占比达到了 91.3%，这款手机将价格定在 5 000 元以上没有任何问题，但是雷军依然采取低价策略。

这是他真正的情怀，他希望通过自己的努力，将中国的制造水平有一个大幅度提升,通过改革商业模式,让每个用户都能用到物美价廉的手机。

通过黄章和雷军的例子,我们体会到梦想的力量和情怀的价值,这是他们人生中的宝贵财富。投资者希望和一个有梦想、有情怀的创始人一起合作,所以在进行路演的时候,要留出时间介绍这一部分内容。

6.3.2　精准掌控节奏

相关数据显示,在传达信息的过程中,肢体动作起着十分重要的作用,有时甚至可以达到55%。这也就意味着,要想完成一次精彩绝伦的路演,不仅要保证内容的质量,还要把握好内容的表达。

那么应该如何把握呢?最重要的就是精准掌控节奏,具体可以从以下3个方面着手。

1. 灵活运用肢体语言

北京有个创始人张国明,他的路演有着与众不同的魅力,即使关掉声音,其肢体动作仍能吸引住投资者的目光。

张国明在介绍项目的时候,很少站在那里不动,往往是在台上踱步。而且,即使需要坐在椅子上完成介绍,他也会不断地指点、挥舞、打手势。这样不仅可以更好地突出其观点,还可以进一步强化语言表达效果。

例如,他会借助手部动作来讲述自己不太了解的事情;会用摊手的姿势来表明自己不精通花言巧语;会通过握拳来展示自己的坚决和信心。

而有些创始人的介绍则不会带有任何肢体语言,最终导致路演效果的弱化。从视觉上来讲,肢体语言有利于令投资者信服,因为任何肢体都可以成为强调观点的工具。

2. 对重要信息进行重复

除了肢体语言以外,张国明也精通重复的技巧。例如,在讲述营销策略的时候,他多次提及"最好的产品总是那些会被用户认可和多次使用的产品"。这样的重复并不多余,反而可以发挥重要的作用。

通过各种各样的方式对某些信息进行重复,可以让投资者充分感受到其重要性,同时也有利于为投资者留出一部分消化其意义的时间。

当然,这里所说的重复不是针对所有信息,而是只针对那些重要信息。因为路演的时间毕竟是有限的。所以,在路演的时候,必须要提炼出重要信息,将其重复以后再切换到下一主题。

3. 适度体现幽默

张国明是一个比较有幽默细胞的人,他的语言风格也十分有趣。例如,他特别喜欢用自己的短处开玩笑,总是强调自己不了解技术,自己并不聪明,有时还会对自己的长相进行调侃。

当然,自嘲也是幽默的一种,该做法不仅有利于对投资者产生更强大的吸引力,还可以拉近自己与投资者的距离,使投资者感到轻松、愉悦。

不过,过度幽默也会带来一些不好的作用,很有可能让投资者把创始人当成喜剧演员。因此,在路演中,体现幽默可以,但一定要适度,否则会产生反效果。

对于创始人来说,参加路演并介绍项目是家常便饭,如果不掌握一些技巧肯定是不行的。创始人掌握足够的技巧,不仅可以在投资者面前大显身手,还可以促进公司知名度和影响力的提升,进而推动融资的成功。

6.3.3 瞄准关注焦点

对于路演来说,假、大、空是绝对的大忌,而要想避免这一大忌的话,就必须瞄准关注焦点,突出自身的亮点,具体可以从以下两方面着手。

1. 强化项目优势

进行路演时,优秀的创业者都善于讲故事,将项目的优势展现出来。创业者是最了解项目的人,深知项目的优势和劣势,他们需要强调项目的优势,争取给投资者留下深刻的印象。

前面已经说过，投资者的时间非常宝贵，留给创业者谈项目的时间非常短。在短短的几分钟时间里，强化项目优势最好的方法就是引用行业中成功或失败的例子。这样可以让投资者通过联想或者对比非常清楚地了解项目大概是什么样子，同时也向投资者证明自己对领域非常熟悉。

与此同时，创业者还需要告诉投资者公司在市场中的地位，包括是处于产业的早期、中期还是晚期，年销售额大概是多少，在市场中占有多少份额等。这样有利于投资者将项目与竞争对手区分开，关注到项目的独有优势。

2. 创造竞争性环境

一个竞争性环境可以让创业者在路演中化被动为主动，这对创业者是非常有利的，聪明的创业者在融资时都会使用这一技巧。下面看看谷歌创始人拉里·佩奇（Larry Page）与谢尔盖·布林（Sergey Brin）是如何使用这一技巧的。

1998年，拉里·佩奇与谢尔盖·布林联合创办了谷歌（Google），专门提供搜索引擎服务。当时在没有商业计划书的前提下，谢尔盖·布林仅凭个人魅力就从一位斯坦福校友那里拿到了第一笔10万美元的投资。

在朋友的一个车库里，拉里·佩奇和谢尔盖·布林开始了艰辛的创业。谷歌很快就受到了用户欢迎，每天搜索次数超过1万次，并因此得到媒体关注。

当拉里·佩奇与谢尔盖·布林意识到谷歌需要扩张的时候，便开始寻找风险投资。他们首先向红杉资本的合伙人迈克·莫里茨表明了立场，希望可以融资2 500万美元，并愿意出让20%的股份，迈克·莫里茨接受了他们的报价，获得谷歌20%的股份。

但是拉里·佩奇和谢尔盖·布林同时向另一家投资公司KPCB发出了邀约，KPCB的老板约翰·杜尔与红杉资本的迈克·莫里茨做出了同样的决定。

两家风险投资公司的风格不同，一家比较激进，另一家偏向保守，它们都想独占谷歌20%的股份，因此排斥对方。但是，拉里·佩奇和谢尔盖·布林希望让这两家公司平分这部分股份，联合投资谷歌。

在谈判僵持不下的时候，拉里·佩奇和谢尔盖·布林找到另外一家投资公司，这家投资公司给出谷歌1.5亿美元的更高估值。于是，约翰·杜尔与迈

克·莫里茨选择了妥协，答应了拉里·佩奇和谢尔盖·布林的条件，双方平分20%的谷歌股份。

1999年6月7日，一份震惊硅谷与华尔街的融资公告被正式发布："谷歌总共获得KPCB和红杉资本2 500万美元的投资，由此两家公司各占有谷歌大约10%的股份。"

约翰·杜尔与迈克·莫里茨的投资是成功的，甚至可以说是取得了巨大的成功。谷歌上市后，他们的股票价值大约高达30亿美元。但是更成功的是拉里·佩奇和谢尔盖·布林，他们不仅拿到了公司发展所需要的资金，同时还牢牢掌握了控制权。

谷歌案例对我们的启示是，在进行融资谈判时，应该与多个投资者进行接触和交谈，让这些投资者相互竞争，从而使创业者拿到最有利的价格和条件。

6.3.4 冷静应对怀疑

或许创业者会对自己已经取得的小小成就感到满意，但是投资者依然会怀疑他的投资管理能力，以及项目可行性。如果投资者说"我认为你设想的目标过于远大，根本无法实现"，骄傲的创业者可能会比较激动，甚至质问投资者："你什么都不知道，凭什么这么说？"结果可想而知，这位创业者大概会被投资者赶出公司或者是投资者拂袖而去。

事实上，面对投资者的时候，被怀疑是很常见的事情，当投资者提出怀疑类问题时，其实是在检验项目是否值得投资，因此创业者必须正确对待，冷静应对。

2018年6月27日，优信在纳斯达克成功上市，股票代码为UXIN，市值27.61亿美元，成为国内首家成功首次公开募股（Initial Public Offering）的二手车电商平台。优信创始人兼CEO戴琨先生持股比例为24.9%，按照发行价计算，其所持股份对应的价值达到6.87亿美元。

优信旗下的优信拍是一个二手车网络拍卖平台，成立于2012年8月，由优信互联（北京）信息技术有限公司运营。

2013年4月，优信拍获得了君联资本、DCM、贝塔斯曼（BAI）及腾讯产业共赢基金等投资机构的 3 000 万美元 A 轮融资。

2014 年 9 月，优信拍获得华平投资、老虎环球基金等多家投资机构投资的 2.6 亿美元 B 轮融资。

2015 年 3 月，优信拍获得百度领投，KKR、Coatue 等投资机构跟投的 1.7 亿美元 C 轮融资，华兴资本担任独家财务顾问。

2017 年 1 月，优信拍获得由 TPG、Jeneration Capital、华新资本联合领投，华平、老虎环球基金、高瓴资本、KKR、光控众盈新产业基金、华晟资本等新老股东参与跟投的 5 亿美元 D 轮融资。

由此来看，优信拍的融资之路可谓是非常顺利，而且投资者名单上各家机构都是顶级投资机构。该公司之所以能够得到众多顶级投资机构的青睐，与 CEO 戴琨和 CFO 曾真两位高管有直接关系。

戴琨与曾真每次向投资者介绍项目的时候，即便投资者的问题非常无厘头，他们也会向老师教育学生一样循循善诱，将事情分析得非常透彻，让非专业的投资者都能听懂。

另外，他们还非常幽默，在跟投资者解释问题的时候会穿插一些搞笑的段子，让投资者听得非常开心。有人甚至将 DCM 投资优信拍的原因归结为"我太喜欢戴琨了，我就要投资他"。

通过分析优信拍的案例，可以总结出创业者面对投资者怀疑的方法。

第一，耐心应对怀疑。

耐心是创业者非常难得的能力和品质，从某种程度上说，投资者表示怀疑意味着他对项目感兴趣。在与投资者沟通时，最怕的就是他没有问题，当你讲完之后只听到投资者说"谢谢，我们回头联系吧"，那么他的意思就是"你走吧，不送"。

好的项目本身就是经得起推敲的，所以投资者怀疑并不是什么坏事，创业者应当将自己明白而投资者不明白的地方解释清楚。

第二，不能夸大投资回报。

随着洽谈的深入，创业者会与投资者聊到公司的核心问题，即财务预测，但是大部分创业者并不精通财务数据和预测，如商业模式、创业团队、市场形势、竞争环境、目标消费群等。

　　创业者不能夸大投资者的投资回报,否则投资者可能会对此产生怀疑。一旦投资者在尽职调查中发现创业者当时所说的投资回报只是画饼,那么必然会取消投资计划。反之,创业者如果实事求是,则会得到投资者的充分肯定和认可,以及持续投资。

　　投资者的怀疑并不可怕,可怕的是创业者对项目没有把握。这样,一旦投资者提出怀疑,创业者可能就无言以对,从而使投资者觉得自己的怀疑并没有错。结果可想而知,投资者不会投资一个创业者自身就没有把握的项目。

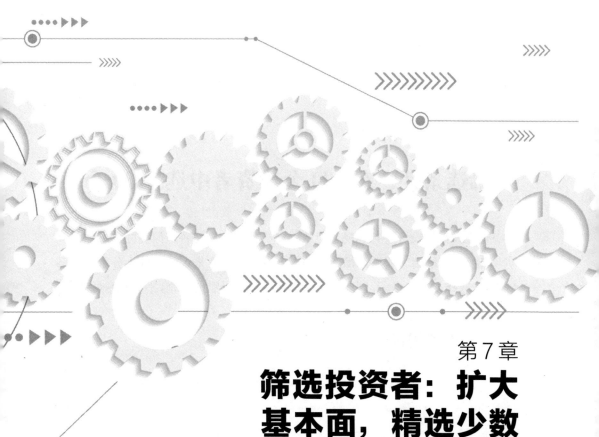

第 7 章
筛选投资者：扩大基本面，精选少数

有一个创业者称他的早期项目正式宣布死亡，周围的人对此都感到非常吃惊，因为前不久才听说他拿到某投资者的投资条款清单，现在却突然因为资金链断裂而失败。

原来，投资者给了投资条款清单后，要求创业者暂时不要找其他投资者，他们愿意投钱，结果却一拖再拖，创业者数次联系对方，都被告知其正在协商，资金过一段时间就会到账。

创业者等了两个月以后，投资者回复不打算投资了，此时，找投资者已经变得非常被动，创业者最终还是因为资金问题关闭了项目。面对筛选投资者难题，创业者应当如何做？

7.1 筛选条件：在 100 个投资者中选择 30 个

现在，很多投资者都标榜自己给钱多、投后管理完善，但实际情况如何，创业者很难了解到。所以，筛选好的投资者对创业者来说是一件十分重要的事情。对于选择天使投资者，创业者更应该坚持宁缺毋滥的原则，不能随意做决定。

7.1.1 投资规模

看投资者提供的资源是创业者判断和筛选投资者需要注意的问题。

创业者应当让投资者将承诺提供的资源写下来，以保证这些资源可以落到实处。好的投资者可以给创业者介绍很多人，这些人有可能对项目的发展起到关键性的推动作用。

硅谷顶级风投机构 FRC（First Round Capital）有 7 位合伙人、20 多位全职职工，管理超过 4 亿美元的资金。该公司积极参与投资后管理，为创业公司提供各种资源，因此创业者都以拿到它的投资为荣。

FRC 每年都会定期组织 CEO、CFO 和 CTO 的年度峰会，在这个峰会上将它所投资的公司聚集在一起，为大家构建一个值得信任的交流平台。

公司管理者可以在这个平台上寻求建议，FRC 或者其他创业公司会提供建议。例如，一个 CEO 表示他们公司的财务一团糟，需要一位 CFO，FRC 便为他们推荐了一位人选，解决了该公司的财务问题。FRC 还经常在平台上向大家普及财务与法务知识，帮助所投公司防范法务和财务风险。

第 7 章
筛选投资者：扩大基本面，精选少数

如果投资者拥有丰富的资金、人才等资源，并积极为创业者提供增值服务，那么在圈子里的名声一定不会差。所以，当创业者无法判断投资者对行业的了解及能够提供的资源时，可以选两三个投资者曾经投过的项目，去找项目CEO 深入谈谈。

由于具有相同的身份，那些被投过的创业者通常会据实相告。

但需要注意的是，投资者如果随口就说"你说×××啊，我跟他关系不错，后期可以介绍给你认识"，那么他说的不一定是事实。

如果他所说的"×××"是一个圈内大佬，那么这个投资者或许只是在利用这个大佬来抬高自己的身价，真实情况是他手中的资源并没有你想象中的多，而且还喜欢信口开河。

如果他提到的"×××"是一个没有什么名气但是可以办实事的人，而且他认识很多这样的人，那么这个投资者业务能力强、资源丰富的可能性比较大。

遇到第二种投资者，创业者要珍惜。

7.1.2 对行业的认识和理解

避免过于看重投资者的名气是创业者判断和筛选投资者时首先要注意的问题；其次要注意的是投资者对行业的了解程度。创业者因为选择了不懂行的投资者而造成创业悲剧的案例也不在少数。

赵铭是一位 30 多岁的手游公司 CEO，尽管创业团队有着超强的执行力，但是陈旧的游戏题材和玩法使其难以找到有投资意向的投资者。有一次，一位投资者找到赵铭，表示要投资 500 万元，并告诉赵铭："如果你们做好了，500 万就算是投资，如果做不好，就算是借钱给你们。"

尽管这位投资者对手游行业一无所知，但是赵铭还是接受了这笔钱，因为懂行的投资者都不愿意投资他们。最终的结果是截至游戏发行花费了将近 300 万元，但因题材和玩法的原因没有公司敢大推，少得可怜的用户根本难以维持该手游公司的正常运营。在这种情况下，投资者要将钱撤出来，并支付给他利息 10%，赵铭不得已选择了破产清算。

赵铭之所以落得破产的下场，与错信了投资者不无关系。如果当初能够找一个领域内的投资者，在投资者的帮助下改变游戏题材和玩法，可能也不至于破产。

投资者对行业的了解还是非常重要的，创业者应当重点关注这一问题。当创业者问投资者重点关注哪些领域的时候，一些投资者会泛泛地表示"移动互联网、O2O、大数据、智能硬件，我都有关注"。这说明他在回避你的问题，害怕暴露自己的短板。如果投资者告诉你他重点关注的领域，然后说出自己对领域的看法，那么这样的投资者是比较有诚意的。

7.1.3　未来感与前瞻性

投资事业需要投资者看趋势，具有未来感。很多经验丰富的著名投资者都将思维拨到了3年或5年以后，他们思考的是未来，所有的体系也都建立在这一点上。

具有未来感的投资者从来不会在乎项目现在是否盈利，他们愿意帮助创业者，是因为他们看好项目的未来。美国纽约的顶级风投人弗雷德·威尔森（Fred Wilson）就是一个具有未来感的投资者，非常受创业者欢迎。

他认为，未来行业与投资的3个大势分别是社会结构的网络脱媒化、产品和服务的定制化及每个人的节点化。弗雷德·威尔森选择项目时非常注重大势对整个社会的影响，通过把握未来大势，他还建立了一个寻找与大势相符的项目的思考框架。

弗雷德·威尔森提到的第一个大势是网络脱媒化。他认为："旧式结构现在还可以工作，只是在当今后工业化时代显得效率低下而已。大家已经看到这一大势在媒体行业的显著影响，在其他行业，去层级趋势也已经逐步显露出来。例如，Airbnb（旅行房屋租赁社区）对酒店行业的影响，Kickstarter（专为创意产品项目融资的众筹平台）对创意行业的影响以及Codecademy（在线学习编程知识网站）和Duolingo（语言学习平台）对培训行业的影响。"

弗雷德·威尔森提到的第二个大势是产品和服务的定制化。在工业化大生产时代，将产品和服务打包销售给用户是最有效率的方法。然而，现在通过产品目录获得最佳的服务项目是人们对各个行业运营模式的期待。

例如服装类APP，因为服装的颜色、款式、尺寸等都是比较灵活的，每个选项可以为用户提供多个选择。例如，用户可以利用21cake推出的APP随时随地订购蛋糕，并根据个人需要指定送达地点。用户可以选择蛋糕的不同口味、不同形状，并且可以在蛋糕上写上专属的字符。

弗雷德·威尔森称："新闻行业、包括借贷和资产管理在内的银行行业、受到在线课堂冲击的教育行业、科研行业、娱乐行业等都经历着这一趋势。"

弗雷德·威尔森提到的第三个大势是每个人的节点化。智能手机的普及将所有人都变成了网络中的一个节点，作为网络中的一个节点，每个人都可以在任何时候非常轻易地联系到另一个人，这是当前最明显的一个大势。

弗雷德·威尔森表示："打车应用Uber就是在这种大势中发展壮大起来的。另外，移动支付和约会应用（例如Tinder）也都将受益于这种大势。"

弗雷德·威尔森通常都是根据以上3个大势选择投资项目的，他本人每年的投资项目只有一两个，与其他投资者相比是非常少的。弗雷德·威尔森所在的Union Square Ventures公司每年投资的项目也不多，大约为10个。

弗雷德·威尔森认为，符合上述大势的创业公司有三类，具体如图7-1所示。

图7-1 符合大势的创业公司种类

弗雷德·威尔森非常看好比特币的发展，他认为："比特币是构成互联网基础设施的一层，是一种互联网协议。未来的几年里，企业家们将通过这项协议发展出大量的顶级新技术和服务。比特币不受任何银行和政府控制的这一特性使得其本身就成为一个非常值得投资的大势。"

BitPay（比特币支付平台）相当于线上支付龙头PayPal的比特币版本。

BitPay可以向商家提供各种支付的后端技术支持及前端购买按钮的嵌入服务。在交易过程中，BitPay接受用户的比特币，然后将比特币换算成真实货币，打到商家的账户里。

BitPay大大降低了交易成本，而且商家拿到手的还是真实货币，因此受到了很多用户的青睐。尤其是跨境交易，商家接受汇款的流程非常麻烦，而且手续费高昂，而BitPay则通过比特币减少了交易时间。

早前，BitPay获得了270万美元的种子轮融资及金额高达3 000万美元的A轮融资。BitPay的种子资金是由李嘉诚通过其旗下私人创投基金维港投资（Horizons Ventures）与其他投资者共同注资的；A轮资金由英国维珍航空创办人查理德·布兰森（Richard Branson）及雅虎创办人杨致远领头的财团注资。

早在投资之前，查理德·布兰森就已经和BitPay签订了合约。查理德·布兰森表示，他之所以选择投资BitPay，是因为他坚信银行正面临重大的改革和创新，而维珍航空已率先进入"替代支付"（非现金支付）的模式。

查理德·布兰森还说："在振奋人心的货币革命中，比特币作为一种服务，将会持续建立消费者对数字货币的信心，推动数字货币的发展，而BitPay或许就是下一个独角兽。"

弗雷德·威尔森认为，健康护理类创业公司也是值得投资者关注的一类公司。以Union Square最近投资的健康护理公司Human Dx为例，该公司提供健康护理行业合作的解决方案与上面提到的3个大势有很多相符点。

另外，数据泄露整治也是投资者应当重点关注的领域。弗雷德·威尔森说："工业革命带来了工业污染，但人们意识到治理污染已经是一个世纪之后的事情了。在信息革命正在进行的当下，数据泄露也造成了一种污染。政府和谷歌这样的互联网公司正是利用了这些泄露出来的数据才能监控人们的行为。当你允许谷歌成为你的身份提供商时，你就已经把自己的一举一动都暴露在了谷歌面前。"

弗雷德·威尔森认为，未来会出现一种互联网协议，保护用户的身份信息、隐私和数据，使其不会被任何机构所利用。因此，数据泄露整治类公司非常符合大势。

7.1.4　勤奋、热爱工作

在创业者眼中，成功的投资者都是勤奋的。他们的行程通常安排得非常满，创业者在哪里，他们就在哪里。

以著名风险投资者童士豪为例，他的时间都是以小时来计的，他精准掌握并善用时间的品质在业内都非常出名。无论童士豪身在中国还是美国，工作人员都能深夜收到他的工作邮件，他的助理也总是要绞尽脑汁才能从他紧密的行程表里挤出一点时间来应对突发事件。

哪上班（互联网垂直招聘网站）的联合创始人童小侃与童士豪是斯坦福大学校友。童小侃评价童士豪说："童士豪是个工作狂，一天只睡三个小时，经常开会到大半夜，然后在酒店游个泳，睡两三个小时之后继续开晨会。"

童士豪在深夜工作的情况已经出现了无数次，大家都见怪不怪了。例如，有一次大家在酒店开会从下午到晚上十点多，参会的人都已经精疲力竭、准备休息了。而童士豪和另一位风险投资者李宏玮在散会后又继续精力充沛地投入下一个和创业者的会议中。

李宏玮是业内顶尖的女性投资者，曾登上福布斯全球最佳风险投资者排行榜。她经常晚上坐飞机，第二天早晨就要参加会议，精神状态还非常好。

当下创投圈里，创业者对资本的争夺异常激烈，而投资者对早期优质项目的争夺也越来越激烈。加上 BAT 等巨头公司的战略投资布局，投资者都开始将投资阶段前移。在这种情况下，投资者们都付出了越来越多的时间和精力，争取投资到更优质的早期创业项目。

AA 投资参与投资了很多天使轮的技术创新驱动的 TMT 项目，如云账房、兜行、DailyCast 等。AA 投资之所以选中了这些项目，是因为它认为这些项目能够改变行业，并因此有一种成就感。例如，它投资云账房是看中未来机器人有可能替代人工；它投资兜行是看中项目在公司培训学习方面带来新的思路，有助于"90 后"的员工快速融入公司文化；它投资 DailyCast 是希望给用户带来快乐。

AA 投资的创始人王浩泽称：我觉得这些都是因为我们对这个行业的热爱。我希望我们的投资不光有金钱回报，而且能够改变一些东西。我投的行业是公

司服务，从更加长远一点来讲，我希望我们投的公司不仅仅是卖一套SaaS软件，还包含一套理念和一套行为行事的方法。

王浩泽还以华为为例，说明了自己投资的野心："中国到目前为止，运营管理方面最成功的一个公司我觉得是华为。华为其实经历过几个周期，在2003年、2004年的时候，当时任正非力排众议，采用了IBM管理咨询的方案，及其背后的一套核心系统，建立了以人力资源、研发、财务三方面为核心的管理体系。

这是一个很重要的基础，也间接造就了今天的华为。华为是到目前为止唯一一个横跨To B、To C和To G 三个领域，并且都做得非常好的公司。

我们希望我们的产品和服务能够产生价值，帮助中国的公司降低成本、提高效率、增加收入。从全世界角度来说，帮助所有中国公司去提高竞争力，这是我最大的一个野心，这也体现着我对这个行业的热爱。"

如果创业者可以遇上一个热爱投资行业，而不是单纯为了拿回报而投资的投资者，那么一定要抓住机会，争取到他的投资。

7.2 投资者获取渠道

找到合适的投资者通常比较困难，一般来说，创业者除了需要考虑什么样的投资者适合自己以外，还要选择投资者获取渠道。比较常用的投资者获取渠道有4个：通过身边的人推荐、网络搜寻、创业孵化平台和专业融资服务机构。

7.2.1 通过身边的人推荐

融资领域有个戏言，早期的投资者一般都是3F：Family（家人）、Friend（朋友）、Fool（傻瓜）。

傻瓜是指天使投资者，这些天使投资者将钱投资给素不相识的人，尽管这些人的公司才开始起步或仅只有一个创意，因此，在外人看来，天使投资者与傻瓜无异。

找家人、朋友融资在早期并不困难，因为他们爱你、信任你。相关调查显示，美国初创公司获得的天使投资中，92%来源于家人和朋友，来自天使投资者的比例仅有8%。

家人、朋友虽然不会像专业的天使投资者那样要求创业者有精练的商业模式与准确的财务报表，但他们也希望可以知晓一些事情。以下是创业者在找家人、朋友融资前需要注意的6点。

（1）不要害怕开口要钱，但说话要注意分寸。

（2）要乐观、要表现出尊敬。

（3）演示你的创业进度和取得的成果。

（4）不要指望筹到很多资金，只需筹到维持创业所需的钱即可。

（5）要沟通风险，签署协议。

（6）一直展示增量价值。

总的来说，从家人、朋友那里融资会简单许多，但切忌把家人、朋友当作唯一的融资来源，专业的天使投资者也可以成为创业者的第一笔融资来源。

下面一起看看2018年中国天使投资者TOP30，具体如表7-1所示，表上的天使投资者都可以成为融资来源。

表7-1 创业者融资来源（排名不分先后）

序　号	2018年中国天使投资者TOP30	所属机构
1	张野	青山资本
2	祁玉伟	接力基金
3	陈向明	银杏谷资本
4	徐小平	真格基金
5	王明耀	联想之星
6	董占斌	青松基金
7	王啸	九合创投
8	李论	熊猫资本
9	吴世春	梅花创投

续表

序号	2018年中国天使投资者TOP30	所属机构
10	孙敬	伟腾业创投
11	赵贵宾	凯风创投
12	吴强	纽信创投
13	胡翔	黑马基金
14	李竹	英诺天使
15	汪恭彬	长石资本
16	郑博仁	心元资本
17	庞小伟	天使湾创投
18	米磊	中科创星
19	蒋舜	盈动资本
20	郑靖伟	靖亚资本
21	张俊熹	信天创投
22	陈方明	易津资本
23	谭群钊	丰厚资本
24	郭威	威诚资本
25	黄明明	明势资本
26	朱靖雷	澎湃资本
27	霍中彦	合鲸资本
28	魏峰	可可资本
29	冯一名	原子创投
30	张璐	Fusion Fund

创业者可以仔细研究上述天使投资者的背景和投资历史。如果发现合拍的天使投资者，将其重点圈出来，并有策略地与其进行接触，直至寻找到最终肯投资的天使投资者。

7.2.2 网络搜寻

网络是经营人际关系的一种常见方式，例如微信、微博、QQ，甚至抖音、快手等平台都可以展示出众多的关系网络，我们可以从中寻找合适的投资者。

此外，我们还可以在搜索引擎上寻找投资者的线索，如谷歌、百度、搜狐等，利用这些基本的搜索引擎可以找到众多融资平台，如表7-2所示，创业者可以根据自身实际情况进行投递。

表 7-2 优质的融资平台（以下排名不分先后）

序 号	融 资 平 台	属 性
1	华兴 Alpha	华兴旗下的早期融资平台
2	逐鹿 X	华兴旗下的早期融资平台
3	猎桔	IT 桔子旗下早期项目融资平台
4	天使汇	在线创业投资平台
5	创投圈	创业服务平台
6	36kr 融资	36kr 旗下融资平台
7	牛投网	互联网非公开股权融资服务机构

7.2.3 创业孵化平台

创业孵化平台中往往不仅有很多知名的大众创业导师、天使投资者，而且还会举办一些由项目创始人报名参与的路演。路演时，由创业孵化平台一方主持，公司负责对项目的市场前景、商业模式、团队情况等进行讲解，导师、投资者会与之交流、探讨。

与商业计划书追求全面、详尽不同，创业孵化平台的路演追求简短、精练。下面是参加创业孵化平台路演活动的 4 个经验，供大家学习借鉴，如图 7-2 所示。

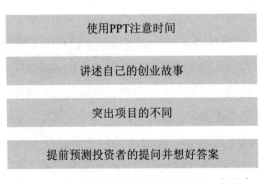

图 7-2 参加创业孵化平台路演活动的 4 个经验

1. 使用 PPT 注意时间

一般情况下，路演都会用到 PPT，展示 PPT 的时间必须控制在 5 分钟左右，不能超过 10 分钟。

2. 讲述自己的创业故事

与 PPT、数字之类的信息相比，故事对投资者的吸引力更大，创业者可以把自己的创业故事讲给投资者听，这样更能够引起投资者的关注。

3. 突出项目的不同

在大众创业的潮流下，人人都可以做的项目已经无法吸引投资者，如果创业者的项目极具特色和优势，更容易获得投资者的青睐。

4. 提前预测投资者的提问并想好答案

如果投资者对项目感兴趣，但是问了一些创业者之前没有考虑到的问题，这时创业者往往无法给出完满的答案。因此，创业者对投资者可能提出的问题要做到心中有数，回答时才可以不卑不亢，从而给投资者留下很好的印象。

7.2.4 专业融资服务机构

在硅谷，有些人喜欢如 Ron Conway、Jeff Clavier、Mike Maples 这样的知名投资者；在中国，也有如张野、祁玉伟、陈向明、徐小平这些天使投资者。

可以说，投资者遍布世界每一个角落，他们其中有些曾经创立过公司然后又将公司卖出，有些是已经非常的成功创业者，有些是投资领域的专业投资者，还有些是投资机构的创始人。而专业融资服务机构就是创业者与这些投资者的纽带，可以将二者连接在一起。

投资者的时间是很宝贵的，不过如果创业者有前景非常广阔的项目，再加上专业融资服务机构的引荐，他们还是愿意聊聊天的。

专业融资服务机构有丰富的经验，对大部分投资者都了如指掌，甚至可以帮助创业者介绍。由专业融资服务机构介绍的投资者就是创业者的敲门砖，单凭这些投资者的名气，创业者及其项目就可以获得更多关注。

不过，即使有了专业融资服务机构的支持，投资者也不一定会投资，毕竟他们并非创业者的"守护天使"。因此，对于创业者来说，如果没有拿到投资者的投资,那也不用沮丧,而如果顺利拿到了,那就为之庆幸。

是否应该寻找专业融资服务机构往往容易引起争议。因为有些专业融资服务机构决策缓慢,附加值低下,而且还会向创业者提出比较苛刻的条款,致使创业者在下一轮融资中举步维艰。当然,我们也不能将专业融资服务机构"一棒子打死",因为它们也成就过不少项目。

但需要注意的是,当创业者准备去寻找专业融资服务机构时,应该提前针对它们的声誉做一些功课。因为它们在未来很可能会成为创业者的合作伙伴,同时也很可能会成为创业团队中的一员。

7.3 投资者分级

为了让融资更加顺利,更为了节省不必要的时间和精力,创业者应该为投资者划分相应的等级。例如,匹配度高的是 A 类投资者;适合创业公司,但创业公司比较差的是 B 类投资者;适合创业公司,但创业公司比较好的是 C 类投资者。

7.3.1 A类投资者:双方匹配度高

A 类投资者通常是指与公司匹配度较高的那一部分投资者,这类投资者可遇而不可求。对于创业者来说,A 类投资者是很好的帮手,不会高高在上地对公司事务指手画脚,或者投资后就什么都不管。

其实很多时候,创业者有自己的节奏和计划,而投资者可以为其提供有效的意见和建议。

优秀的投资者知道"只帮忙,不添乱"的投后管理原则,但是如何把控这个度则是一个难题。建议投资后,投资者可以把自己想象成公司的一员,甚

至将自己想象成公司的合伙人。当投资者基于平等的关系与创业者相处时，提出的意见和建议会更中肯，给到的资源才能真正"雪中送炭"。

例如，纽约游戏公司Omgpop创始人查尔斯·福曼就非常幸运地拿到了有"硅谷教父"之称的传奇天使投资者罗恩·康威的投资。当Omgpop一次次面临破产时，罗恩·康威不仅提供资金支持，还四处寻求让公司从危机中走出的方法，并给予创业团队信心。最终的结果非常明显，Omgpop推出Draw Something（你画我猜）社交游戏，一夜爆红；Omgpop也成功以2亿美元的价格出售给Zynga，创始团队与投资者都拿到了可观的回报。

所以，创业者应当明白，A类投资者会把你和他之间的关系变成伙伴，而不是甲方与乙方。

很多投资者都喜欢给自己投资的公司组群，取名××帮、××派、××家等，他们之所以这么做，是因为创业者和投资者的关系有时候是一种和家人一样的长久关系。

无论是具有丰富经验的连续创业者还是初次创业者，投资者一旦选中创业者就是看中了他们个人及所做项目的潜力。随着创业者一路创业，一路成长，即使一个项目失败了，但是只要这个创业者坚定不移，总有一天会有所成就。

阿里巴巴、腾讯等互联网公司都有早期投资者不离不弃的身影。对投资者来说，如果之前一路投资，但最后却没有投资创业者唯一做成的项目，那不是很遗憾吗？

A类投资者意识到创投关系的重要性，从而与创业者展开长期合作，最终实现双赢。

7.3.2　B类投资者：对方适合我方，我方较差

在能力和实力上，B类投资者往往要优于创业者和创业公司，虽然其和创业者的匹配度不如A类投资者那么高，但同样可以成为很好的帮手，例如，帮助创业者剔除一些噪声。

对创业者来说，投资者的声音非常重要，有时候错了也得听。所以为了防止噪声干扰，B类投资者会向创业者输出尽可能简练、完整、重要而且有效

的信息。

另外，对于无法确定来源和精准度的行业八卦、知识等，B类投资者也会在其对这些信息做出判断后选择性地传达给创业者。如果投资者随意打乱创业者的节奏，指摘创业者的决定，创业者将无法专注于业务发展。

众所周知，雷军是小米的创始人。除此之外，雷军还是一名优秀的投资者，自2004年至今，作为投资者和顺为基金创始合伙人，雷军共投资了移动互联网、电子商务、互联网社区等领域内的27家创业公司。其中，金山软件成功登陆港股市场、欢聚时代成功登陆美股市场、猎豹移动成功登陆纽交所、迅雷成功登陆纳斯达克。

在近20年的职业生涯里，雷军做过很多工作，包括软件、电子商务、网络游戏等。而且，雷军拥有深入而且丰富的专业知识，从产品研发、市场推广、销售到管理等环节，不管公司有什么问题，他都能提出有建设性的意见。

尽管如此，雷军从来不会随意干扰自己投资的公司，对此，他表示："投资者尽量不要打扰创业者，只为创业者带去真正需要的帮助就行。"

没有投资者愿意承认自己对创业者的帮助是添乱，但事实上给创业者提供不需要的帮助就是添乱。有的投资者对创业者很热情，今天介绍一个人才，明天布置一个饭局，这反倒让创业者非常烦躁。要知道，创业者有自己需要做的事情，不可能有太多的时间花在应酬上。

通常情况下，B类投资者不会过多干涉创业者，他们每周去公司一天，就相当于浪费了创业者20%的时间，那创业者还如何将精力专注于公司发展方面呢？因此，B类投资者深深明白，是创业者在创业，自己尽量减小对他们的干扰就好。

7.3.3　C类投资者：我方适合对方，对方较差

C类投资者是指能力与实力比较差的那一部分投资者。对于这类投资者，创业者应该秉持正确的态度，进而保证融资的成功率。因为C类投资者没有前面两类那么适合创业者，所以创业者应该为与其相处设定相应的界限。

当C类投资者决定投资之后，就必须对所投资的创业者和创业公司深信

不疑。这与恋爱结婚的道理是一样的。在结婚之前的恋爱甜蜜期里，大家只会看到对方的优点，认为对方就是自己的真爱，因此很容易会忽略对方的缺点。C类投资者在投资之前也是一样的，他们通常只会看到创业者和创业公司的潜力。但投资之后就不一样了，一旦项目进入推进流程，他们可能就开始挑剔。

例如，投资者也许会发现创业者徒有创意，执行力不足，为了监督创业者的进程，他们甚至会与员工一样每天准点到公司报到；感觉不对的时候，他们还会在一旁干着急，甚至对自己当初的投资决定感到怀疑和后悔。

当投资者与创业者产生矛盾的时候，本来非常有潜力的项目都有可能以失败告终。所以，学会投人不疑对创业者和投资者来说都有重大意义。

在这一方面，A类投资者做得比较好，他们意识到这样一个现实：所有项目都是从千疮百孔走过来的，如果决定不投资，可以列出一百个理由；但只要决定投资，那就必须全心全意相信创业者。

有些投资者和创业者才沟通了三五次就开始丧失信心，对创业者的能力也感到怀疑，并开始寻找替代方案，这样的情况在A类投资者身上很少会出现，所以创业者还是要多关注他们。

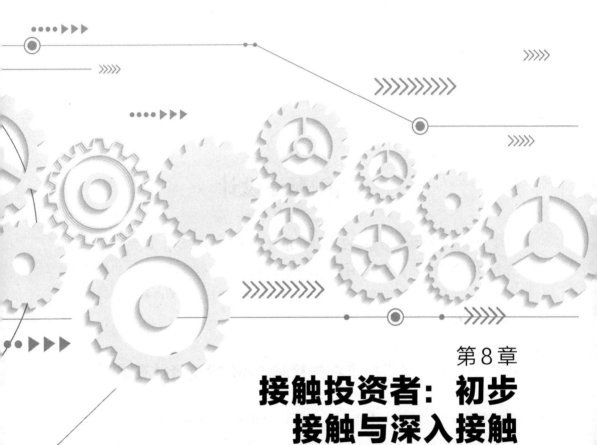

第8章
接触投资者：初步接触与深入接触

　　创业者与投资者是利益共同体，双方的目的都是把公司做大，让公司快速增值，最终顺利上市。为了达成这一目的，双方必须进行进一步接触，把一些事情讲清楚、搞明白。

8.1 接触顺序设计

与投资者的接触看似毫无规律，但其实有固定的顺序，即先接触C类投资者和B类投资者，最后再接触A类投资者。除此以外，投资者的意见也非常重要，创业者需要在其基础上对自己的商业计划书进行修改和调整，以保证融资的成功。

8.1.1 C类、B类投资者先接触，A类投资者放在最后

在进行接触顺序设计时，可以按照这样的思路：C类、B类投资者在前，A类投资者在后。一方面，可以提升融资的成功率；另一方面，有利于为公司留下一条最好的"后路"。

一般来说，A类投资者都会有比较丰富的实践经验，对公司和创业者也有很深的了解，所以对于他们来说，投资工作做起来要更加得心应手，速度也会更快。

但是在接触的时候，A类投资者要放在最后，因为他们不会随便投资，所以向他们融资的成功率非常小；反之，C类投资者、B类投资者虽然不是那么合适，但获得他们青睐的难度通常比较小，所以要把这种更有把握的放在前面。

2019年8月，郑鹏辉与一家芯片设计公司达成投资协议。毫不夸张地说，郑鹏辉在近几年已经成功投资了好几家公司，尤其是互联网领域，并且在投资

的过程中充分展现了自身的投资智慧,除了极少数失败外,其余大部分都获得了丰厚的回报。

其实早在2016年,郑鹏辉就凭借敏锐的投资触觉,发现了一家具有巨大发展潜力的公司,并为其投资200万美元。在第二年即2017年,他又继续为这家公司投资1 000万美元,并成功获得了33%的股权。结果,在第二次投资的两个月后,这家公司就顺利上市,郑鹏辉也凭借自己超高的股权赚得盆满钵满。

另外,郑鹏辉还将目光放到了人工智能领域,为一家人工智能公司投资4 000万美元,获得21%的股权。这家人工智能公司凭此投资起死回生,在短短一年半的时间内,就在美国的纳斯达克顺利上市,而郑鹏辉在其上市后股价最高时出售了自己的股权,成功套现1亿美元,这是一笔惊人的回报。

郑鹏辉大大小小的投资不断,获利颇丰,这其中最本质的原因还是他自己的经验和管理才能,以及对投资范围不设限制的习惯。

看到郑鹏辉如此成功,一家公司希望获得他的青睐,并且没有接受其他投资者递来的"橄榄枝"。但这家公司的主打项目并没有太大竞争力,发展前景比较有限,所以在和郑鹏辉接触了几次以后,便遭到了无情拒绝。

通过上述案例可以知道,像郑鹏辉这样的A类投资者固然很好,不过如果想获得他们的投资,必须有足够强大的项目和广阔的发展前景做支撑,同时还要做到"低风险、高收益"。

所以还是建议按照特定的顺序,先去接触C类投资者和B类投资者,然后再去接触A类投资者,只有这样,创业者和公司才有可能成为未来市场上的又一个强大力量。

8.1.2　根据投资者意见,升级BP

当投资者为决策意见提出建议时,创业者需要记录并适时做出回应。但是创业者并不需要执行投资者提出的所有建议,而是要考虑到项目的实际状况,对那些不便采纳的建议给予解释。只有这样做,才不会让投资者感到尴尬,保护投资者的参与热情。

将投资者的建议整理成文档的时候,要记录是否采纳,以及采纳或不采纳的原因是什么,需要改进的地方和方法有哪些,改进的具体时间,由谁负责等。

公司日常经营管理过程中,投资者的参与程度是根据其持有的股份决定的。股份的大小决定了投资者话语权的大小。在很多情况下,大投资者会利用其股份优势影响甚至决定整个投资者会、董事会的决议,而小投资者的建议则容易被忽视。

公司融资后,在进行某些事项的决议时,不仅要听取大投资者的意见,还应听取小投资者的建议,并及时给予反馈。回应投资者建议不仅是对其话语权的尊重,而且在一定程度上还会促进公司的发展。

五粮液(000858)副总经理彭智辅在接受某媒体采访时表示:"五粮液自1998年上市以来,共进行了两次融资。上市后,更是实施一些送转股分配、现金分红政策。彭智辅说:投资者既是投资者,也可能是潜在的消费者。所以在实际生产经营中,投资者打来电话,向公司发展提一些意见/建议时,我们会第一时间反馈,这些意见/建议在某些程度上将促进公司的经营发展"。

从公司角度来看,尊重投资者就是要尊重投资者的话语权。对投资者提出的疑问,创业者不仅要做到有问必答,还要尽可能让投资者满意,而不是回避或敷衍了事。

最能体现公司尊重投资者建议的地方就是分红,但是分红并不是越多越好,它会受公司发展、财务规划等很多因素的影响。中小投资者比较弱势,公司应当设置相关渠道让其表达自己的建议。

监管部门曾经对公司的分红问题发布通知,其中强调,要充分听取中小投资者的意见和诉求。然而,要想对公司形成约束力,还需要制度上的保证。当下A股市场还未形成分红约束机制,如果将大投资者和管理层的分红政策,交由社会投资者分类表决通过,就可以更好地保护中小投资者的利益。

总之,融资后,公司是属于全体投资者的,创业者要尊重所有投资者的建议,尊重其话语权。

8.2 接触时机与方法

在与投资者接触时，顺序非常重要，但时机与方法的作用也不能忽视。对于创业者来说，见面之前的准备、见面的时间和地点、见面过程中的项目介绍，以及见面之后的判断和关系维护，都是需要认真考虑的问题。

8.2.1 见面之前有哪些准备

在与投资者见面之前，最应该做的就是对其背景、过往投资案例进行调查。创业者可以先和投资者交换名片，再去网上查询与他相关的信息，尽量细化到他在此行业是什么级别，专注于哪些领域等。

如果网上没有披露过投资者的信息，创业者也可以直接手机询问投资者是否了解这个行业，观察投资者对这个行业的关注程度。下面通过一个案例进行说明：

北京一家公司的创始人张恒，尽自己最大努力把曾经投资于与其类似公司的投资者名单、BP邮箱、联系方式都找出来，并整理到一张Excel表格里，然后再有针对性地跟这些投资者接触。

如果张恒盲目去寻找不匹配的投资者，不仅会浪费很多的时间和精力，还需要付出很高的成本和代价。就像相亲，为了提高效率，最好把对方的条件限定好，如年龄区间、特定城市、特定职业、性格等。

如果有朋友接触过你看重的投资者，一定要向这位朋友取经，询问投资者是什么类型的投资者，其看项目时重点关注哪些部分。是团队，产品，还是数据？这样可以更有针对性地去做准备。

8.2.2 如何约时间地点

在约时间的时候，通常是投资者掌握主动权，他们会提前通知创业者。

如果确定好时间，但还没有确定地点，那创业者就可以主动和投资者联系，然后对他说下面这番话：

时间已经没有问题，那咱们应该在什么地点见面呢？是我去公司拜访您？还是您大驾光临我们公司呢？如果您想来我们公司的话，整个核心团队都会恭候，通过深入的沟通和交流，相信您可以对我们公司有更加全面的了解。

像这样给投资者一个正面回应，同时让投资者选择见面的地点的行为，是顺利获得融资的基础。而且，对于公司来说，见面的地点其实不是特别重要，把主动权给投资者无可厚非。

8.2.3 自己去见，还是跟重要合伙人一起去见

与投资者见面的时候，有的创业者会选择自己去，有的则会带上重要合伙人，这两种方式都可取。

如果是创业者自己去，那就要做好充分的准备，把投资者可能会问到的信息全部记牢，如团队信息、项目细节、发展前景等，因为没有人可以帮助你，所有事情都得靠自己。

如果是带上重要合伙人，那要注意彼此的默契，防止给投资者留下不好的印象。

如果某创业团队一起去见投资者，但他们在很多问题上没有达成一致，你一言，他一语，最后甚至争吵起来，这样特别不好，会对投资者的投资决策产生不良影响。

因此，在创业团队一起见投资者时，比较好的做法是，由一个人主说，其他人补充。或者也可以分工协作，例如，CEO 负责介绍公司的战略、业务、行业，CTO 负责介绍技术、产品，这样的配合就比较默契。

8.2.4 如何跟投资者介绍项目

大部分情况下,跟投资者介绍项目的时间其实非常短,创业者必须在这非常短的时间内,将项目的亮点尽可能多地展示给投资者,最大限度地吸引他。

所以,创业者在向投资者介绍项目之前,必须先进行合理的规划,以免在真正见面时浪费宝贵的时间。而要想达到上述效果,就应该把握以下 5 点。

(1)投资者给的时间并不能让创业者将项目的方方面面都进行详细介绍,所以必须将时间多分配在重点内容上。

(2)语速问题也非常重要。语速太快,投资者会听不清;语速太慢,可能刚介绍完公司情况时间就已经到了。所以,在介绍时必须要把握好语速,这就需要在介绍前反复练习。

(3)投资者可以很容易看懂的信息,如项目的名称、性质等,不需要浪费太多的时间去介绍,让投资者自己看就可以。如果他真的没有特别明白,会在介绍结束后提问,到时再详细说明。

(4)投资者非常容易分心,只要内容稍微有一点枯燥,他们的注意力就会不自觉转移。但如果介绍者的语言风趣幽默,那么投资者分心的概率就会小一些,所以企业者在介绍比较重要的内容时适当幽默一些,有利于引起投资者的关注。

(5)如果介绍者的语调一直保持在比较稳定的频率上,投资者的注意力会很难集中。根据心理学的原理,要想引起投资者的注意,就必须在适当的时候调整语调。调整语调最合适的时候是开始介绍重点内容之前,因为较高的语调可以将投资者的注意力吸引到重点内容中。

把握上述几点可以使介绍项目的效果达到最好,而且还能够保证投资者接收到最多的亮点。当然,最后决定投资者是否投资还是依据项目的具体内容和真实情况。

8.2.5 如何判断投资者会有进一步接触

要判断投资者是否会有进一步接触,最重要的是看结束语是什么。如果

投资者明确表示想与核心团队进一步交流，那就说明他已经对公司产生了兴趣；如果投资者回应可以 A 轮的时候再投资，或者表示不向处于这么前期阶段的公司投资，那就是委婉的拒绝。

实际上，判断投资者是否会有进一步接触不是关键，创业者应该在激发投资者的接触兴趣上多下功夫，以下是几点注意事项。

（1）从一开始的时候，创业者就要跟投资者做互动式的交流，引起他对项目的好奇心，一定不要演"独角戏"。

（2）不管遇到哪种类型的投资者，创业者都必须表现出应有的格局和素养。遇到刚刚涉足某个行业的投资者，要保持足够的耐心；遇到非常了解行业的投资者，不要过多提及常识性知识，而是要做更高层面的沟通，如行业趋势分析、项目发展新思路等。

（3）选好与投资者交流的渠道，是面对面交流、电话交流还是微信交流？不同的交流渠道会产生完全不同的效果。如果是面对面交流，可以参照上一小节的内容；如果是电话交流，可以试着引起投资者进一步接触的兴趣；如果是微信交流，就要有所保留，小心谨慎。

（4）如果投资者要做压力测试，那创业者一定要抗住压力，保持沉着、谦逊、有礼的态度，不能过于激进。

（5）千万不要长篇大论地讲无关紧要的内容，这很浪费投资者的时间和耐心，他想知道的是，凭什么你可以成功，以及你如何切入。

（6）与投资者见面时，可以把重要的内容录下来或者记下来。例如，被问了哪些重要问题，投资者最关心什么，商业计划书有哪些需要改进的地方等。对这些关键性的内容，要多思考、多回顾、多对比，不要浪费见面的机会。

8.2.6　后续的接触

第一次见面结束以后，创业者可以与投资者保持适当频率的交流，针对他提到的某个要点，进行简单的回应。这样既体现了执行力，也体现了重视程度。至于具体要怎样做，可以从以下几个方面着手。

（1）一定要注意保密。投资者事后可能会索要一些数据方面的资料或财务方面的资料,创业者一定要先与其签订保密协议,然后再把这些资料提供给投资者。

(2)向投资者通报相关信息,如财务状况、外部团队来寻求合作、给员工发工资等。这样做不仅是促使投资者尽快给出决策,更是一种对投资者的尊重。

(3)当投资者成为公司的消费者时,应当享受优惠待遇,如最高等级的VIP特权等。

(4)对于投资者提出的建议,需要逐项记录并适时做出回应,但这并不意味着创业者需要执行投资者的所有建议,如果是不便采纳的建议,创业者给出明确的解释即可。

(5)当创业者与投资者的动机与目标不一致时,摩擦也会接踵而至,所以为了维护双方的关系,促使项目得到更好的发展,创业者应当学会与投资者共同管理预期目标。

(6)如果被投资者拒绝,不用据理力争,可以问一下具体的原因。不能因为被拒绝,就断绝和这个投资者的所有来往,这会是一笔非常大的人脉损失。

8.2.7 见投资者就是一次面试的过程

有这样一个形象的比喻,创业者和投资者的见面就像一次面试,在交流的过程中,创业者可以跳出甲方和乙方的关系,对投资者作出自己的判断。

作为乙方的创业者,既要谦逊,也一定要自信,没有必要刻意降低自己,去迎合甚至讨好投资者。如果刚开始时就这样,那在交割或者后续跟进的过程中,还是很容易出现沟通问题。

总而言之,一场成功的面试,一定是由应聘者主导的;一场成功的融资见面,也一定是由创业者主导的。

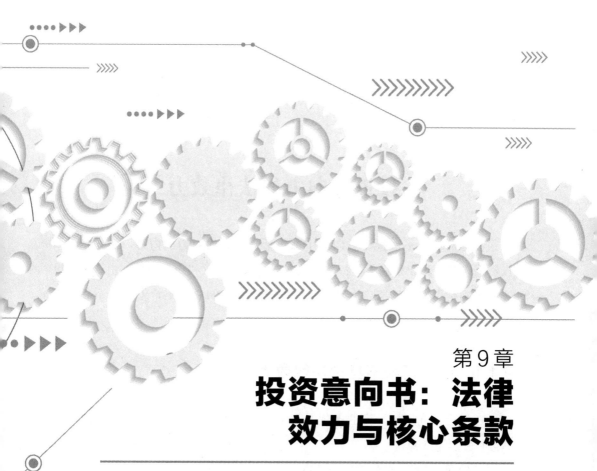

第 9 章
投资意向书：法律效力与核心条款

投资意向书相当于低配版的融资协议，如果创业者不曾有融资经验，那么就必须多了解投资意向书，以防止在签署的时候利益受损。

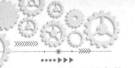

9.1 投资意向书的法律效力

在一般情况下,投资意向书中都包括一些有约束力的内容,例如,"本投资意向书的商业条款不具备法律效力""双方的权利和义务具体由正式的投资协议确定"等,这些内容通常都表明投资者和创业者不希望受到不必要的约束。

9.1.1 商业条款不具备法律效力

在投资意向书中,商业条款通常不具备法律效力,造成这一现象的主要原因包括以下3点。

(1)商业条款的严谨性比较强。

(2)尽职调查之前,不需要充分披露。

(3)无法保证相关数据的准确性和真实性。

既然商业条款不具备法律效力,那创业者应该如何保护自己的利益呢?该问题虽然没有标准答案,但以下措施可以将风险降到最低。

(1)不要急于求成,一心只想解决"缺钱"的燃眉之急。如果担心投资者反悔或者压价,那就"把丑话说在前面",拜托律师签署附加合同,并辅以一定的违约惩罚。

(2)全面调查投资者的诚信记录,如果发现投资者曾经有过不良行为,那就要敢于"舍弃",尽快寻找其他机会。必须记住,只要项目足够好,就不怕找不到投资者。

（3）对期望值进行合理管理。刚开始的时候，投资者可能会说一些大话，作出无谓的承诺，所以在签署投资意向书之前，创业者有必要将这些冗余信息过滤掉，客观评估自己最核心的需求。

9.1.2 保密性和排他性条款具备法律效力

与商业条款不同，保密性和排他性条款具备法律效力。一般来说，签署投资意向书以后，投资者有不超过60天的排他期，以保证有充足的时间进行尽职调查和准备最终投资协议。

为了防止投资者随意提交投资意向书以换取进入排他期资格的行为，创业者可以增加肯定性答复条款，赋予自己在怀疑投资者正在进行重大改动或发现缺乏诚意的证据时，要求投资者予以书面肯定性答复，否则即提前中止排他期。

由于签署投资意向书以后，排他期的作用会使谈判优势从创业者转移到投资者手中，所以投资意向书的内容必须清晰、明确，那些核心条款（如一票否决权、优先购买权、优先清算权等）也要正式记录在案。

另外，创业者在签署投资意向书之前应该事先披露公司的不足之处，以防止投资者在尽职调查时以此为理由大幅压价。在用倍数报价时，必须明确计价基准。

9.2 投资意向书的核心条款

如果创业者想了解投资意向书，那就需要从核心条款入手。在一份投资意向书中，有以下几个核心条款需要创业者着重阅读，分别是一票否决权、优先购买权、优先清算权等。此外，与对赌协议相关的内容也不能忽略。

9.2.1 一票否决权

一票否决权属于保护性条款，目的是保护投资者的利益不受到创始人及其他股东的侵害。拥有一票否决权后，投资者可以直接否决那些损害自己利益的公司行为。

那么，创业者应当如何对待这一条款呢？

首先，要了解一票否决权的范围。在通常情况下，一票否决权的范围包括关于公司最重大事项的股东会决策和关于公司日常运营重大事项的董事会决策两类，如表9-1所示。

表9-1　一票否决权的范围

项　目	具 体 内 容
关于公司最重大事项的股东会决策	融资导致的股权结构变化 公司合并、分立或解散 涉及股东利益分配的董事会以及分红 股东会决策通常会涉及公司章程变更等
关于公司日常运营重大事项的董事会决策	终止或变更公司主要业务 高层管理人员的任命与免职 对外投资等预算外交易 非常规借贷或发债 子公司股权或权益处置等

如表9-1所示，从整体来看，股东会决策的范围仅限于涉及股东权益的最重大事项，而董事会决策范围则涵盖了日常运营中的各种事项。

其次，对一票否决权的范围了解透彻后，会发现关于这一条款有很大的谈判空间。创业者可以接受投资者的一票否决权，但是要限定投资者在特定事项上使用。

例如，当公司以不低于特定估值被收购时，投资者不可以使用一票否决权，避免投资者对回报期望太高，阻止收购的情况发生。更进一步，创业者甚至可以将一票否决权的范围限制在对投资者利益有重大损害的事项上。

另外，创业者是否接受投资者的一票否决权，还要看投资者的投资金额及股权比例。如果是种子和天使阶段较小额度的融资，投资者一般不会要求拥有一票否决权，因为投资金额和股权比例比较小，投资者坚持用一票否决权来保护自己是不合常理的。如果是 A 轮及后续轮次的融资，大多数投资者都会坚持要求拥有一票否决权，由于投资金额和股权比例比较大，这一要求也是合理的。

除此之外，还可以要求一票否决权的行使需要经过半数以上的投资者同意。这一约束措施可以防止单个投资者为了牟取个人利益而不顾及大多数投资者利益使用一票否决权的情况发生。半数以上的投资者联合起来使用一票否决权，符合少数服从多数的公平理念。

总之，一票否决权的设计逻辑是合理的，创业者不需要过于害怕。聪明的投资者都知道公司的成功依靠的是创业团队，即便他们拥有一票否决权，也不会否决那些对公司发展有利的重大决策。如果投资者的一票否决权要求过于苛刻，创业者完全可以与他直接沟通。双方将各自的顾虑表达出来以后，一般可以找到一个都能够接受的平衡点。

9.2.2 优先购买权

优先购买权也叫作优先受让权，投资意向书中关于优先购买权的规定一般有以下两种。

一是创业者为防止股份过于稀释，规定投资者按持股比例参与优先认购。这通常表述为："如公司未来进行增资（向员工发行的期权和股份除外），投资者有权按其届时的持股比例购买该等股份。"

二是公司发生后续融资，投资者可以享有优先购买全部或部分股份的权利，投资者放弃购买的，创业者才能向第三方融资。这通常表述为："公司上市之前，股份持有者尚未向其他股份或优先股的已有股东发出邀约，则不得处分或向第三方转让其股份。根据优先购股/承股权，其他股东有优先购买待售股份的权利。"

9.2.3 优先清算权

在投资意向书中,有关优先清算权的条款非常重要,这里所说的优先清算权是指,投资者在目标公司清算或结束业务时,具有优先于其他普通股东获得分配的权利。

在通常情况下,优先清算权在计算时有固定的方法,即优先清算权=优先权+分配权。假设投资者投资了 3 000 万元,占股比例为 30%,而公司的可分配净资产为 8 000 万元,优先清算权条款中规定该权利按投资款 1.5 倍优先进行分配,那么其计算公式如下:

优先权下的投资回报:3 000 万元 ×1.5=4 500 万元

分配权下的投资回报:(8 000 万元 - 3 000 万元)×30%=1 500 万元

投资者总回报:4 500 万元 +1500 万元 =6 000 万元

其实,清算优先权是在清算事件出现之后才会生效的。对于创业者来说,清算事件是一件坏事,预示着公司破产、倒闭。但对于投资者来说,清算事件只是一件"资产变现事件",具体是指股东通过公司合并、收购,或公司控制权变更等手段出让公司权益而获得资金的方式。

对于大部分公司来说,创业存在着很大的风险,而融资过程中,投资者为了降低风险,会要求拥有清算优先权,所以为了避免不必要的麻烦,创业者需要详细地了解这一条款。

通常,优秀的投资者不会对清算优先权提出过高的要求,因为投资者要求的清算优先权越高,公司所获得的利益越低。这样,公司的管理层和员工的积极性就会降低。所以,为了平衡投资者与公司管理层和员工的利益,投资者和创业者之间会达成一个合理的协议。

在达成协议前,双方会就清算优先权进行反复的商讨和谈判。一般来说,融资双方会从如图 9-1 所示的三种条款中选择一条合适的,以便实现双方之间的利益平衡。

```
┌─────────────────────┐
│  倾向于创业者的条款  │
└─────────────────────┘

┌─────────────────────┐
│    相对中立的条款    │
└─────────────────────┘

┌─────────────────────┐
│  倾向于投资者的条款  │
└─────────────────────┘
```

图 9-1　清算优先权三种不同类型的条款

1. 倾向于创业者的条款

倾向于创业者的条款内容是倾向于创业者的，即给予投资者 1 倍的清算优先权，而且他们无参与分配权。不过由于投资者需要承担的风险很大，此类条款很难获得他们的同意，所以，在公司的实力未达到一定程度时，尽量不要提出此类条款。

2. 相对中立的条款

相对中立的条款是：给予风险投资者 1 倍或几倍的清算优先权，并且会附带有上限的参与分配权。在通常情况下，投资者和创业者都会更愿意接受这类条款，因为其既能够分担风险又能够激发活力。

需要注意的是，双方需要在清算优先倍数和回报上限倍数上进行协商，以达成一致。一般来说，双方都乐于接受的清算优权倍数是 1～2 倍，回报上限倍数是 2～3 倍。

3. 倾向于投资者的条款

倾向于投资者的条款是：给予投资者 1 倍或几倍的清算优先权，附带无上限的参与分配权。创始人及其公司往往不会接受此类条款，因为会承担太大的融资压力，不利于自己的成长和发展。

以上就是清算优先权的三种条款，在进行融资的过程中，需要根据公司的发展阶段、盈利模式等具体情况，选择最合适的那一种，以实现互利双赢。

9.2.4 对赌协议

在公司资金紧张的压力下,很多创业者认为能拿到钱是第一位的,其他都是次要的。然而,创业者必须有底线,千万不能因为融资难就一味地降低要求,随意签下对赌协议。下面为大家介绍对赌协议的内容及其隐藏的风险。

一般来说,对赌协议中对公司的规定依据有 6 种,即公司的财务业绩、非财务业绩、赎回补偿、公司行为、股票发行、管理层去向。其中财务业绩是对赌标的中最常见的依据。

对赌协议通常会根据这 6 种依据,对达到的目标和未达到的目标分别进行规定和解释。以其中的财务业绩为例,对于公司达到的目标,对赌协议一般会做出如下规定:

"如果公司完成一定销售额、总利润或税前利润、净利润或利润率、资产净值或几年内的复合增长率等财务性指标,则投资者按照事先约定的价格进行第二轮注资或出让一部分股权给管理层。"

对于公司未达到的目标,对赌协议也会有相应的规定,具体内容如下:

"如公司收入没有达到目标,则管理者应当向投资者进行现金补偿,其补偿的方式根据公式进行计算:应补偿现金 =(1- 年度实际经营指标 ÷ 年度保证经营指标)× 投资者的实际投资金额 - 投资者持有股权期间已获得的现金分红和现金补偿;

另外,公司还可以以等额的股权向投资者进行补偿,且投资者要加强对公司的管理控制,如增加董事会席位等。"

从上面的示例可以看出,公司融资过程中如果接受了对赌协议,就相当于失去了一部分自主权。

对赌协议签订后,公司必须实现协议中规定的目标,否则就会失去相应的权利,这对于公司的长期发展来说,是存在着很大风险的,而且很有可能出现创始人由于股权逐渐减少被踢出公司的情况。

另外,有些创业者因为公司资金紧张急需寻找投资者,投资者往往就会利用这样的时机要求签订对赌协议,而投资者设定的对赌协议可能非常严苛,创业者根本没有实现目标的可能。

第9章 投资意向书：法律效力与核心条款

例如以下对赌协议的内容几乎没有实现的可能："第一年营业收入不低于1 000万元且不亏损，第二年税后净利润不低于5 000万元，第三年税后净利润不低于1亿元，若未达成相应条款，投资者有权要求创始团队方面赎回股权。"

在公司资金告急的压力下，创业者往往愿意接受对赌协议，从而拿到上千万元的投资，但对赌协议往往隐藏着如下四大风险。

第一，业绩目标不切实际。

创业者经常混淆了"战略层面"和"执行层面"的问题。如果对赌协议中约定的目标不切实际，当投资者注入资本后，常常会将公司引向不成熟的商业模式和错误的发展战略。最终，公司将会陷入经营困境，创业者必定对赌失败。

第二，创业者急于融资，忽视了内外部不可控的风险。

如果创业者急于获得高估值融资，而且对于公司的未来发展过于自信，常常会忽略内部环境和外部环境的不可控风险，认为自己与投资者的要求差距很小甚至无差距，从而做出错误的决定。

第三，创业者忽略了控制权的独立性。

忽略控制权的独立性是大多数创业者都会犯下的错误。创业者与投资者本应互相尊重，但有时候投资者会因为某些原因向公司安排高管，插手公司的日常经营和管理。在这种情况下，公司的业绩是好是坏会受到投资者左右。因此，签订对赌协议后，创业者要为保持公司控制权的独立性准备好预案。

第四，对赌失败失去公司控股权的风险。

条件温和的对赌协议还好，如果遇到对公司业绩要求极为严苛的对赌协议，创业者就有可能因为业绩低于预期失去对公司的控制权。

关于对赌协议，真格基金联合创始人王强给了创业者一个忠告："我呼吁，一个创业者，尤其是起步时期的创业者，千万不要签署对赌协议。除非，你不热爱你所创立的事业。对赌就是泡沫，就意味着你眼下已有的资源无法达到的目标，而你将被迫必须达到。这是如此惨烈。对赌意味着你要做不得不做的事情，一旦失去了经营公司最本质的初心，心态毁于一旦，你就无法回头。"

创业者应当明白，拿利润当唯一标准去衡量一切的投资者很容易犯下急功近利的错误，他们只会把项目当成获取利益的工具，所以很容易将一个项目搞砸，甚至会为了个人利益而损害他人利益。

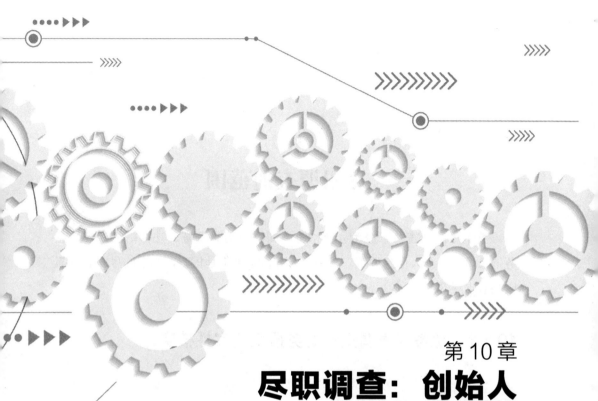

第 10 章
尽职调查：创始人协助准备内容

尽职调查是融资过程中至关重要、不可或缺的一环，其结果决定了投资者对公司的评价。一份公正严谨的尽职调查报告出炉之后，投资者会以此为依据做出最终决策。

10.1 尽职调查的范围

整个尽职调查可以分为4个部分，即财务信息调查、法律信息调查、业务信息调查、个人信息调查。其中，业务信息调查是核心，其余的尽职调查都围绕着它展开。

10.1.1 财务信息调查：财务报表真实性核实

在通常情况下，财务报表是了解公司财务状况及经营成果的最好途径，这里面包含了资产负债表、利润表、现金流量表、所有者权益变动表、附表及会计报表附注和财务情况说明书等。

在尽职调查报告中，财务分析是最关键的内容，要想做好财务分析，首先要明确分析对象和目的，然后寻找素材并选择合适的方法。分析对象和分析目的决定了分析的深度与宽度。例如对上市公司的年度业绩进行分析，主要就是围绕关键指标去展示，较少涉及具体的变动及变动原因。选用标准化的数据则更有利于分析框架的搭建。

一份完整的财务报表可以帮助投资者了解公司近年来的财务状况，并预测公司未来的发展趋势。

就拿大家非常熟悉的阿里影业举例。2019年就有许多阿里影业所参与的电影在票房上取得了惊人的成绩，如《流浪地球》《我不是药神》《西虹市首富》等，这些电影既收获了观众的口碑，也为阿里影业创造了相当可观的收入。

除此以外，阿里影业旗下的衍生品如旅行青蛙和皮卡丘也为其创造了近 7 亿元的销售业绩。

从阿里影业在 2019 年 3 月 31 日发布的财务报表中可以了解到，在过去的 12 个月内，阿里影业的收入为 30.34 亿元，较上一年同期增长 9%；而净亏损则从上一年的 12.45 亿元收窄为 10 亿元。

互联网宣发业务板块实现全年盈利，创收 24.64 亿元，综合开发及内容制作业务所获得的收入也比去年同期大幅增长。阿里影业经营业务主要有内容制作和研发、宣传发行、娱乐电商和海外业务 4 项，如图 10-1 所示。

图 10-1　阿里影业业务范畴

财务报表中的直观数据，让投资者对公司的经营现状有了明确的认知，这些数据展示了公司经营的不同业务的具体情况，可以帮助投资者对公司未来发展方向进行预判。

10.1.2　法律信息调查：法律结构与法律风险

在融资过程中，公司和投资者拥有的信息很可能并不对称，为了避免这一现象，进行法律调查非常必要。一般来说，法律信息调查的主要内容包括以下几项。

1. 风险因素

通过网站、政府文件、报刊、专业报告等渠道了解行业的相关政策，以及未来发展方向；与公司员工进行谈话，取得公司既往经营业绩发生重大变动的资料，并结合对公司的了解，分析可能对公司产生不利影响的主要因素及这些因素可能带来的主要危害。

2. 重大合同

对公司的重大合同是否真实、是否合法、是否存在潜在风险等进行核查；了解重大合同的订立是否履行了内部审批程序、是否超越权限决策；判断重大合同履行的可能性，关注因不能履行、违约等事项对公司可能产生的危害。

3. 诉讼和担保情况

对公司所有对外担保（包括抵押、质押、保证等）合同进行核查；调查公司内部人员是否存在重大诉讼、仲裁事项，或者涉及刑事案件的情况，评价其对公司经营是否产生重大危害。

4. 税收情况

税收情况可以在很大程度上体现公司是否有隐藏的法律问题。在对税收情况进行调查时，应该从10个方面着手，如表10-1所示。

表10-1 税收情况调查表

序 号	税收情况调查
1	公司是否办理税务登记证
2	公司进行经营活动的主营地与申报纳税地址是否相符
3	公司设立、公司整体变更组织形式时是否代扣代缴自然人股东的个人所得税
4	公司以评估增值转增资本的，是否存在没有代扣代缴自然人股东个人所得税的情况
5	公司以未分配利润转增资本的，个人股股东是否存在未缴纳个人所得税的情况

续表

序 号	税收情况调查
6	公司是否存在纳税延迟、欠缴税款的情况及补缴巨额税款的风险
7	公司享受的高新技术税收优惠待遇是否面临风险障碍
8	公司的税务优惠待遇有没有向当地主管税务的机关进行确认
9	地方政府给予的公司税收优惠政策有无法律依据
10	公司的税务优惠待遇是否存在风险,以及公司享受的税收优惠政策是否改变

10.1.3 业务信息调查

对于尽职调查来说,业务信息调查是不可或缺的一部分,其结果会对投资者的决策产生深刻影响。在通常情况下,业务信息调查的主要内容包括以下几项。

1. 公司基本情况

公司基本情况包括核心团队、产品/服务和市场、融资运用、风险分析这几大部分,其中比较重要的是核心团队。

成熟、高效、稳定的核心团队深刻影响着公司的当下状态和长远发展,是公司成长的基石。所以在进行业务信息调查时,要细致谨慎地了解核心团队的情况,如分工、成员过往履历和实践经验等。

2. 股权变更及相关工商变更情况

股权变更的调查重点是,在公司经营过程中股权变更是否合乎规范,最好还要了解股权变更的原因是什么;相关工商变更的调查重点是,是否需要进行工商变更,以及申请备案的程序是否合法。

3. 实际控股人的背景

信誉良好的实际控股人对于一个公司持续发展的积极作用是毋庸置疑的,与其相关的调查应该从以下几个方面着手:持有的股权比例、负责的主要业务、注册资本数量、财产状况、为公司提供的资源等。

4. 盈利预测

根据公司编制盈利预测表所依据的资料,结合国内外经济形势、行业发展趋势、市场竞争状况,判断公司盈利预测假设的合理性;对比以前年度计划与实际完成情况,参照公司发展趋势、市场情况,评价公司预测期间经营计划、投资计划和融资计划安排是否得当。

10.1.4 个人信息调查:核心成员的经历、名声、财务等

个人信息调查的重要性也不能忽略。这一部分的尽职调查主要针对核心成员,具体包括以下几项内容。

1. 核心成员任职资格和任职情况

调查了解核心成员的教育经历、专业资格、从业经历及主要业绩,以及在公司担任的职务与职责。

2. 核心成员的能力和品质

调查了解核心成员之前任职公司的运作情况及本公司的经营情况,分析核心成员管理公司的能力。分别与董事长、总经理、相关负责人就公司现状、发展前景等方面问题进行交谈,了解核心成员的能力和品质。

3. 核心成员薪酬及兼职情况

通过查阅资料、与核心成员交流等方法,调查公司为核心成员制定的薪酬方案,以及股权激励方案;调查核心成员在公司内部或外部的兼职情况,分析核心成员的兼职情况是否会对其工作效率、工作质量产生影响。

10.2 尽职调查的方法

随着时代的发展及科技的进步,尽职调查的方法也越来越多样,如审阅文件资料、参考外部信息、相关人员访谈、公司实地调查、小组内部沟通等。在熟练掌握这些方法以后,尽职调查将不再复杂,创业者和投资者也都可以变得更加轻松。

10.2.1 审阅文件资料

通过审阅公司工商注册、财务报表、业务文件、法律合同等各项资料,发现有无异常及重大问题。

10.2.2 参考外部信息

通过网络、行业杂志、业内人士等渠道获取外部信息,了解公司及其所处行业的情况。

10.2.3 相关人员访谈

与公司内部各层级、各职能人员,以及中介机构进行充分沟通。

10.2.4 公司实地调查

查看厂房、土地、设备、产品和存货等实物资产,了解公司的经验情况。实地调查是一个极具挑战性的工作,除了要有耐心和细心以外,还应该掌握相应的知识,否则就会变成"盲人摸象"。

10.2.5 小组内部沟通

尽职调查小组的成员往往来自不同的专业，具有不同的背景，这些成员之间的相互沟通也是提升效率、加强结果准确性的方法。

10.3 尽职调查的原则

投资者对公司进行尽职调查，意在了解公司的实际情况，掌握公司的资金运转信息。为了实现这个目的，投资者在进行尽职调查时需要遵循相关原则。

10.3.1 证伪原则

站在"中立偏疑"的立场，循着"问题—怀疑—取证"的思路展开尽职调查，用经验和事实来发掘公司的投资价值。

10.3.2 实事求是原则

依据投资者的投资理念和标准，在客观公正的立场上对公司进行调查，如实反映公司的真实情况。

10.3.3 事必躬亲原则

为了结果的准确性和客观性，创业者最好要求投资者亲临公司现场，进行实地考察、访谈、亲身体验和感受，而不是通过道听途说下判断。

10.3.4 突出重点原则

投资者往往会将重点放在公司的技术或产品特点上,以避免陷入"眉毛胡子一把抓"的境地。因此,创业者需要不断提升公司的技术能力,认真打磨产品,从而在尽职调查阶段赢得投资者的认可和青睐。

10.3.5 以人为本原则

创业者在对公司的技术、产品、市场等方面进行全面优化的同时,还要提升管理团队的创新能力、管理能力、诚信程度,这些都是投资者会重点关注的部分。

10.3.6 横向比较原则

投资者会对同行业的国内外公司发展情况,尤其是结合该行业已上市公司在证券市场上的表现进行比较分析,以判断公司的投资价值。创业者可以为投资者提供相应的数据和资料:一方面是为了缩短尽职调查的周期;另一方面是为了展示公司的诚意,优化尽职调查的效果。

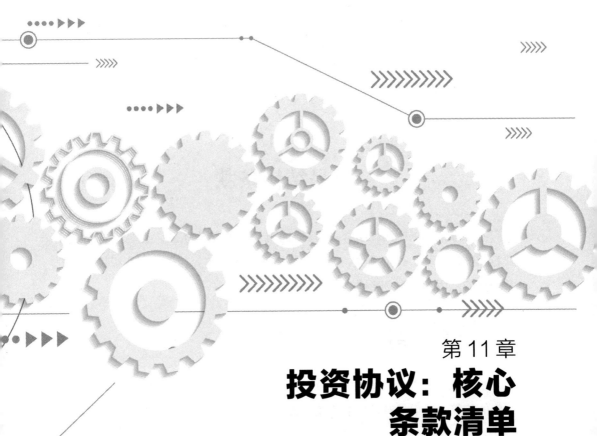

第 11 章
投资协议：核心条款清单

投资协议中有很多与公司未来发展有关的经济型条款和控制型条款，如果创业者没有融资经验，那么需要多了解相应的知识和技巧。实践证明，对于不懂投资协议的创业者来说，即使投资者在条款上动了手脚，他们也无法察觉，从而造成巨大损失。

11.1 交易结构条款

在投资协议中,最核心、最重要的就是交易结构条款。交易结构条款主要包括估值条款、投资额度、交割条件。对于这些内容,创业者和投资者是非常关注的,因为这深刻影响他们的利益。

11.1.1 估值条款

估值条款是投资协议中必不可少的内容,该条款有两个关键点,首先是估值的计算,然后是对投前估值还是投后估值进行判断。

1. 估值的计算

估值多少是投资者和创业者都非常关注的核心内容,详细的计算方法请参考本书第 3 章。

2. 对投前估值还是投后估值进行判断

在过去,投资者都是以投前估值为依据进行投资的,但实际上,了解了投前估值和投资者的出资额以后,还可以计算出公司的投后估值,具体的公式如下:

$$投后估值 = 投前估值 + 投资者的出资额$$

例如,公司的投前估值为 2 000 万元,投资者的出资额为 500 万元,那么公司的投后估值就为 2 500 万元,而投资者的股权比例就为 500 万元 / 2 500 万元 =20%。

在很早之前，创投圈就使用这个计算方式，当时，融资活动中一般只有一两个投资者，很少出现有十个甚至十个以上投资者的情况。

随着投资者数量的增多，投资者在一家公司的股权比例会降低。依然是上面的例子，如果其他投资者跟风投资，有一个投资者投 100 万元，还有两个投资者投 200 万元，那么该公司的投后估值就变为 3 000 万元，而第一个投资者的股权比例就变成 500 万元 /3 000 万元 = 16.67%。

在这种情况下，投资者就会与公司产生纠纷，于是，投后估值的方式逐渐流行起来。在投后估值确定以后，不管跟风投资的跟投人有多少，投资者固定出资额的占股比例都不会变。

在投资协议中，估值条款的内容一般是这样的：公司设立完成后，投资者以×××万元的投后估值，对公司投资×××万元进行溢价增资。增资完成后，公司注册资本增加为×××万元，投资者获取增资完成后公司的××%股权。

11.1.2　投资额度

在投资协议中，投资额度表明投资者会给公司投资的总金额。一般来说，投资协议中对投资者取得的股份，以及这部分股份占稀释后总股数的比例都会有附带说明。

另外，投资额度条款还可以规定投资者获得股份的形式。投资者注资的形式有很多种，除了购买普通股以外，还可以选择购买优先股、可转债等。如果选择的是普通股，很可能也有限制条件，创业者应当看清这些说明条件。

例如，投资者拟定投资总额为 3 亿元，投资完成后，投资者获得公司融资后股权的 20%。投资完成后，公司注册资本增至 10 亿元，投资者投资金额中的 2 亿元计入公司注册资本，剩余 1 亿元计入公司资本公积金。

下面，大家可以看一下天使湾创投的投资条款表对投资金额和方式的描述，作为参考，具体如下：

投资者将通过增资的方式以现金×××万元对公司进行投资，认购公司×××注册资本，投资额多于注册资本的部分计入公司资本公积金。投资完成后，投资者将持有公司注册资本××%的股权。

投资额度条款通常是投资协议中的第二个核心条款，创业者需要对此项条款进行认真审核。一些巨头公司制定投资协议时，对于投资额度条款可能会有其他规定，下面一起看看腾讯对大众点评网投资时的情形。

曾经被 BAT 三巨头视为"硬骨头"的大众点评网最终被腾讯拿下，接受了腾讯的投资。

2014 年 2 月 19 日，腾讯对外宣布战略投资大众点评网，交易完成后，大众点评网将继续保持独立运营。入股完成后，大众点评网将与腾讯产品合作，推广大众点评网的商户信息，并将消费点评、团购、餐厅在线预订等本地生活服务的入口置于 QQ、微信产品上。

腾讯投资部内部人士则对外公开了投资协议的细节："腾讯的初期投资金额约为 4 亿美元，占股 20% 左右。腾讯享有'选择权'即如果大众点评网在海外上市，腾讯在一年内有权按照 IPO 价格增持 5% 的股份，最终持股将达到 25%。"

2017 年 10 月，腾讯再次对美团—大众点评（2015 年 10 月，美团与大众点评合并）进行了新一轮 40 亿美元的投资，使其估值达到 300 亿美元。

2018 年 9 月 20 日，美团—大众点评成功登陆港交所，定价 69 港元，市值 483 亿美元。当时，腾讯持股超过 20%，是美团—大众点评的第一大股东。

11.1.3　交割条件

一位创业者朋友跟我讲述他的遭遇：在一份投资协议中，投资者将获得母公司批准作为履行交割的先决条件，结果投资者以母公司批准程序复杂为由拖延投资进程，经过漫长的等待后，投资者又称没有获得母公司批准所以无法投资。

遇到这种情况，创业者只能默默承受损失，但其实最大的损失不是这位投资者白白浪费的时间和精力，而是他本来可以在这段时间内为公司成功实现融资。

之所以出现这种情况，是因为创业者对交割条件的认识不到位。在投资者将获得母公司批准作为支付投资款的先决条件时，那位朋友应该要求加上一个最后期限，这样才公平。

在实践中，很多创业者对交割条件的认识不到位，包括一些大公司和他们的律师也可能会将交割条件与支付投资款的先决条件混淆。下面就来讲一讲什么是交割条件。

在投资协议中，交割条件是指当事人进行股权转让或资产过户等交割行为需要全部满足的前提条件。在双方签订了正式的投资协议后，如果规定的交割条件没有被全部满足，而且没有被当事人放弃，那么当事人没有进行交割的义务，交割也就无法进行。

一般来说，投资协议中规定的交割条件有6个方面，具体如下所述。

第一，投资者进行尽职调查后，对结果表示满意。

第二，投资者对最终的法律文件满意，包括投资协议、根据本轮融资修订而成的公司章程及股东会决议等。

第三，公司为本次融资完成所有的资质认证、拿到交易所必需的证照及其他政府审批文件等。

第四，公司管理层核心人员与投资者选定的人员签署并交付格式和内容均令投资者满意的劳动合同。

第五，自本投资协议签订之日起，创业者应当在公司全职工作。

第六，最后根据尽职调查的结果，实施投资协议约定的其他交割条件。

通过分析交割条件，可以看出投资者的考虑，仔细研究一下绝对没有坏处。在通常情况下，投资者设置交割条件时首先会考虑自己的风险承受能力和风险偏好等因素。

如果投资者希望在短期内完成股权交易，且具有较高的风险承受能力，那么交割条件的设定会比较简单，基本上只有相对重要的事项；如果投资者追求低风险，那么会设定较为复杂的交割条件，而创业者执行起来也会更加困难。

另外，还应当考虑相关条件的可实现性与可操作性，以及交易成本的高低。如果投资者要求创业者采取某一行动的可实现性与可操作性较低，或者将产生巨大的交易成本，那么这并不适合作为交割条件，很容易导致交易失败。

以上面创业者朋友的遭遇为例，获得投资者母公司的批准程序复杂，花费时间较长，并不适宜作为交割条件。

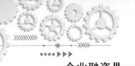

曾经的天使投资出现过见个面一拍即合就支付投资款的现象，但是现在已经不可能再那样做，因为包括天使投资在内的所有投资都已经逐渐走向正规化、机构化，需要走一套严格的内部流程。

在这种大趋势中，如果创业者对某些专业的投融资知识还不够了解，那就必须好好补补课。

11.1.4　苏宁国际与家乐福中国的交易结构条款

下面看看苏宁国际收购家乐福中国80%的股份协议中出现的三项核心内容——估值、投资额度与交割条件。

苏宁国际与家乐福中国及转让方签订的《股份购买协议》主要内容如下：

1. 成交金额和支付方式

苏宁国际以48亿元人民币等值欧元向转让方收购家乐福中国80%股份，以现金方式支付。同时，本公司将对家乐福中国提供股东贷款，用于运营资金，具体金额视交割日家乐福中国公司净负债、运营资金的情况确定。

2. 支付期限及付款安排

在交割日完成100%的交易价格支付，无分期付款。最终交易价格将参考交割报表进行调整，并在确认后的20个工作日内苏宁国际与转让方进行差额支付。另，协议中对本次交易有分手费的安排。如因苏宁国际原因或反垄断审批未能通过而导致交易未能交割，则苏宁国际需要支付分手费。

3. 协议的生效条件：自签署之日起生效。

4. 交割条件

（1）通过国家市场监督管理总局的经营者集中反垄断审查；

（2）转让方的基础保证在签署日和交割日，（如有重大性限定的）真实、准确、无重大误导，（如无重大性限定的）在所有重大方面真实、准确、无重大误导；

（3）转让方的非基础保证在签署日和交割日均真实、准确，除非对其真实性、准确性的违反未导致重大不利影响；

（4）转让方或家乐福中国完成了各自的交割前义务，除非该等违反未导致重大不利影响；

（5）双方的基础保证在签署日和交割日，（如有重大性限定的）真实、准确、无误导，（如无重大性限定的）在所有重大方面真实、准确、无误导；

（6）苏宁国际完成所有交割前义务。

5. 标的公司治理

标的公司治理结构分为股东大会、监督董事会和管理董事会。股东保留事项须经股东大会全体股东同意通过，其他根据适用法律和公司章程规定须由股东大会通过的事项须经持有过半数表决权的股东同意通过。

监督董事会由7名监督董事组成（其中5名监督董事由苏宁国际委派，2名监督董事由转让方委派），负责监督管理董事会并向其提供建议，参与家乐福中国及其子公司的业务、战略，及承担其他适用法律和公司章程规定的职责。监督董事会的主席由苏宁国际委派的人士担任。

管理董事会由1名管理董事组成，负责家乐福中国日常管理及承担其他适用法律和公司章程规定的职责。

管理董事人选由监督董事会提议并经股东大会通过简单多数决议委派和解聘，该人士应同时作为家乐福中国首席执行官（CEO）。该名管理董事作为管理董事会主席，应有权决定影响家乐福中国及其子公司的除股东保留事项、监督董事会保留事项、监督董事会一般事项之外的任何事项。

6. 锁定期

在交割后3年内，苏宁国际和转让方均不得将其所持家乐福中国股份向第三方转让，但向双方各自的关联方转让除外。

7. 出售选择权、购买选择权

在交割后2年之日起的3个月期间内，转让方可以行使售股权向苏宁国际卖出其届时持有的全部家乐福中国股份，出售价格应为交割日总估值乘以转让方届时在家乐福中国的持股比例。

在上述3个月结束之日起的3个月期间内，如果转让方未行使售股权，苏宁国际可以行使购买权发出通知购买转让方届时持有的全部家乐福中国股份，购买价格应为交割日总估值乘以转让方届时在家乐福中国的持股比例。

在锁定期结束之日起的 3 年期间，转让方有权向苏宁国际卖出转让方届时持有的全部家乐福中国股份，出售价格应为第三方评估机构确定的市场公允价格。

在锁定期结束 1 年起的 3 年期间，苏宁国际有权购买转让方届时持有的全部家乐福中国股份，购买价格应为第三方评估机构确定的市场公允价值。

一、本次交易无须经本公司股东大会审议批准，但尚需通过国家市场监督管理总局的经营者集中反垄断审查。

二、交易定价依据（估值）

本次交易为市场化并购，本公司在综合考虑标的公司的业务规模、渠道优势、物流配送能力、自持物业价值、优质用户资源和未来业绩改善潜力及与本公司业务之间的协同效应后，基于可比上市公司的经营数据综合确定本次交易的估值。

本次交易标的家乐福中国 100% 股份的估值为 60 亿元人民币。根据家乐福集团提供的未经审计的管理会计报表，家乐福中国 2018 年营业收入约为 299.58 亿元人民币。

本次交易价格隐含的股权价值/收入倍数为 $0.2x$。通过与 A 股主要的同行业上市公司 2018 年平均股权价值/收入倍数的平均值 $0.88x$ 及中位数 $0.7x$ 相比，本次交易的估值水平较为合理。

可比公司	2018 年股权价值/收入倍数
永辉超市	1.37
家家悦	1.02
步步高	0.38
三江购物	1.87
人人乐	0.29
中百集团	0.32
平均值	0.88
中位数	0.70
家乐福中国估值	0.20

资料来源：Capital IQ，截至 2019 年 6 月 21 日。

家乐福中国 100% 股份的估值 60 亿元人民币较其 2018 年年末归属于母公

司所有者权益−19.27亿元人民币有较大幅度的增值。家乐福中国账面净资产为负的主要原因为近年来线下零售业态受到互联网的冲击，家乐福中国虽然积极应对，但仍带来了阶段性的经营亏损。

家乐福中国在中国市场深耕24年，门店网络覆盖22个省份及51个大中型城市，位居2018年中国快速消费品（超市/便利店）连锁百强前10。作为行业领先公司，其具有较强的供应链能力、丰富的线下运营经验、较高的品牌知名度等优势，且近两年网络优化效应逐步显现，亏损收窄。家乐福集团提供的数据显示，家乐福中国2018年息税折旧摊销前利润为5.16亿元人民币，我们认为标的公司拥有较高的提升空间。

公司通过收购家乐福中国能够进一步丰富公司智慧零售场景布局，加快快消类产品的发展，有利于降低采购和物流成本，提升公司市场竞争力和盈利能力。

因此，综合考虑家乐福中国的业务发展潜力，以及公司与标的公司的业务协同效应，本次收购具备较好的整合前景；且本次交易估值参考了同行业A股上市公司估值水平，并最终由交易双方协商确定。公司董事会认为本次估值合理，不存在损害上市公司、中小股东利益的情形。

最后，关于股份交易的审议情况如下："（1）本次交易不构成关联交易，亦不构成中国法律法规及规范性文件规定的重大资产重组。（2）本次交易已经公司第六届董事会第四十四次会议审议通过，无须提交公司股东大会审议。（3）本次交易已通过家乐福集团董事会审批。（4）本次交易尚需通过国家市场监督管理总局的经营者集中反垄断审查。"

对于估值，此股份协议中选择了前面所说的可比公司法，即通过可比上市公司的财务数据和股价，计算出比率作为市场价格乘数的参考数据进行估值。上述家乐福中国的估值使用了股权价值/收入倍数的公式。

对于投资额度，此股份协议中明确表述了"苏宁国际以48亿元人民币等值欧元向转让方收购家乐福中国80%股份，以现金方式支付……"在细节上确定了投资总额、支付方式、交易股份数量、支付期限、付款安排等。

对于交割条件，此股份协议中列出了需要满足六个方面，例如监管风险、双方义务等。

11.2 先决条件条款

在签署投资协议时，公司及原始股东可能还存在一些未落实事项，或者可能发生变化的因素。为保护投资者利益，一般会在投资协议中约定未落实事项，或对可能发生变化的因素进行控制，构成实施投资的先决条件。

11.2.1 未落实事项

投资协议中，与未落实事项相关的条款主要有以下3个。

1. 分段投资条款

为了降低投资风险，投资者往往采取分段投资的方式，即只提供公司下一阶段的资金，只有当公司完成预期的经营目标或者获得丰厚的盈利以后，才会继续投资。

在这个过程中，投资者会对公司的经营状况与潜力进行反复评估，并拥有放弃追加投资的权利与优先购买公司发行股票的权利，从而有效控制风险。

2. 反摊薄条款

反摊薄条款是一种用来保护投资者利益的协定，其规定不能因为公司以较低价格发行新股而导致投资者的股份被摊薄。许多投资者常把反摊薄条款作为投资条件之一。

例如，原始股东拥有公司100股股票，总值100万元，投资者A向原始股东购买公司50股股票，价值50万元，此时，投资者A占有公司50%的股份。

假设公司准备向另一投资者 B 增发 50 股总值为 50 万元的股票,那么投资者 A 持股比例即从 50% 降至 33.33%,出现这种情况即为股份被摊薄。

如果签订了反摊薄条款,投资者 A 的股份不会因为后续融资而减少,或者可以得到一定股份的补偿。

3. 优先跟投权

优先跟投权指的是,如果公司发生清算事件但是投资者没有收回投资款,创始人自清算事件发生之日起 5 年内从事新项目的,投资者有权优先于其他人对该新项目进行投资。

而且,投资者本次投资额与清算事件中投资者没有收回的投资款相加,将一起视为对新项目的投资款。下面通过计算看看优先跟投权是如何发挥作用的。

假设投资者投资 1 000 万元,占股 30%,公司可分配净资产 1 500 万元,按投资款 150% 优先分配,那么:

(1) 1 000 万元 ×150%=1 500 万元

(2) (3 000 万元 －1 500 万元) ×30%=450 万元

合计:1 950 万元

投资者收回的投资款为 1 500 万元,不足部分为 1 950 万元 －1 500 万元 =450 万元。两年后,创始人二次创业,投资者优先投资 500 万元。那么,投资者对新项目的投资款为:450 万元 +500 万元 =950 万元。

除非创始人非常优秀,否则的话,在公司清算结束的情况下,很少有投资者愿意再次投资。

11.2.2 可能发生变化的因素

投资协议中,与可能发生变化的因素相关的条款有以下 3 个。

1. 肯定性条款

肯定性条款是指被投资公司在投资期内应该遵守的约定,一般包含如下内容。

（1）被投资公司须提供合适的渠道，以便投资者可以接近员工及获得经营管理记录。

（2）被投资公司应定期向投资者提交财务报告。

（3）被投资公司须进行年度预算，且该预算在取得董事会同意后才可实行。

（4）管理层要保证被投资公司继续存在，并使其所有财产维持良好的状态。

（5）被投资公司须购买足够的保险。

（6）被投资公司须支付其应付债务与应交税款。

（7）被投资公司要遵守法律，并履行相关协议所规定的义务。

（8）被投资公司应当告知投资者本公司的诉讼、协议的未履行情况，以及其他会对被投资公司的经营造成不利影响的事项。

（9）被投资公司要采取适当的措施保护其专利权、商业秘密及版权。

（10）被投资公司须遵守约定用途使用融资资金。

2. 否定性条款

否定性条款是指对被投资公司不得在投资期内从事行为的约定。通常否定性条款会涉及以下内容：禁止变更控制权；禁止管理层向第三方转让股份；禁止改变主营业务等。

3. 共同卖权

共同卖权，即指被投资公司上市前，假如原始股东向第三方转让股份，投资者可以依据原始股东与第三方达成的价格协议参与其中，并按原始股东与投资者在被投资公司中当前的股份比例向第三方转让股份。

例如，原始股东向第三方转让15万股，当前原始股东和投资者的股份比例为3:1，则投资者可以同样价格向第三方转让5万股，除非投资者主动放弃这一权利。

这项权利，事实上是对原始股东转让股份的限制，以避免不理想的股东进入，还可以使原始股东与投资者承担相同风险与收益。

11.3 承诺与保证条款

对于尽职调查中难以取得客观证据的事项，或者在投资协议签署之日至投资完成之日（过渡期）可能发生的妨碍交易或有损投资者利益的情形，一般会在投资协议中约定由标的公司及其原始股东做出承诺与保证。

11.3.1 标的公司及原始股东、业务的合规性

标的公司及原始股东为依法成立和有效存续的公司法人或拥有合法身份的自然人，具有完全的民事权利能力和行为能力，具备开展其业务所需的所有必要批准文件、营业执照和许可证件。

11.3.2 各方签署、履行投资协议的合法性

各方签署、履行投资协议，不能违反任何法律法规和行业准则，不能违反标的公司章程，亦不能违反标的公司已签署的任何法律文件。

11.3.3 过渡期内股权保护

过渡期内，原始股东不得转让其所持有的标的公司股权；标的公司不得进行利润分配或利用资本公积金转增股本。

另外，标的公司的任何资产均未设立抵押、质押、留置、司法冻结或其他权利负担；标的公司未以任何方式直接或者间接地处置其主要资产，也没有发生正常经营以外的重大债务；标的公司的经营或财务状况等方面未发生重大不利变化。

11.3.4 信息披露及时、真实

标的公司及原始股东已向投资者充分、详尽、及时地披露或提供与本次交易有关的必要信息和资料,所提供的信息和资料均真实、有效,没有重大遗漏、误导和虚构。原始股东承担投资交割前未披露的税收、负债或者其他债务。

11.3.5 投资协议真实、准确、完整

投资协议中所有的声明、保证及承诺在投资协议签订之日及以后均真实、准确、完整。

11.4 其他关键条款

在投资协议中,除了前面提到的几种条款以外,还有一些其他比较关键的条款,如公司治理条款、反稀释条款、估值调查条款、出售权条款等。

11.4.1 公司治理条款

投资者可以与原始股东就标的公司治理的原则和措施进行约定,以规范或约束标的公司及其原始股东的行为,如董事、监事、高级管理人员的提名权,股东(大)会、董事会的权限和议事规则,分配红利的方式,保护投资者知情权,禁止同业竞争,限制关联交易,关键人士的竞业限制等。

1. 董事会席位条款

一位创始人拥有公司 60% 的股份,另外两个投资者分别拥有公司 20% 的

股份。三人董事会成立后,三个股东做董事并且各占一个席位。其中一个投资者提议让自己的妻子担任监事,该创始人同意了。

很显然,这位创始人还没有意识到自己已经失去了公司的控制权。在股东会,这位创始人拥有60%的投票权,但是在董事会,他却只有三分之一(33%)的投票权。这代表着创始人的控制权从60%降低到了33%,给公司未来的发展带来了很大隐患。

因此,在投资协议中,必须严格设置董事会席位条款,不是投资者想进入董事会,创始人就必须答应。例如,可以规定,只有股份达到5%的投资者才可以进入董事会。

2. 优先分红权条款

《公司法》第三十四条规定:"股东按照实缴的出资比例分取红利……但是,全体股东约定不按照出资比例分取红利或者不按照出资比例优先认缴出资的除外。"

第一百六十六条规定:"公司弥补亏损和提取公积金后所余税后利润……股份有限公司按照股东持有的股份比例分配,但股份有限公司章程规定不按持股比例分配的除外。"

因此,股东之间可以约定不按持股比例分配红利,但是为了保护投资者的利益,可以约定投资者的分红比例高于其持股比例。

3. 信息披露条款

为保护投资者作为标的公司小股东的知情权,一般会在投资协议中约定信息披露条款,如标的公司定期向投资者提供财务报表或审计报告、重大事项及时通知投资者等。

11.4.2 反稀释条款

为防止标的公司后续融资稀释投资者的持股比例或股权价格,一般会在投资协议中约定反稀释条款(Anti-Dilution Term),包括反稀释持股比例的优

先认购权（First Refusal Right）条款，以及反稀释股权价格的最低价条款等。

1. 优先认购权

投资协议签署后至标的公司上市或挂牌之前，标的公司以增加注册资本的方式引进新投资者，应在召开相关股东（大）会之前通知本轮投资者，并具体说明新增发股权的数量、价格及拟认购方。本轮投资者有权但无义务，按其在标的公司的持股比例，按同等条件认购相应份额的新增股权。

2. 最低价条款

投资协议签署后至标的公司上市或挂牌之前，标的公司以任何方式引进新投资者，应确保其投资价格不低于本轮投资价格。

如果标的公司以新低价格进行新的融资，则本轮投资者有权要求控股股东无偿向其转让部分股权，或要求控股股东向本轮投资者支付现金，即以股权补偿或现金补偿的方式，使本轮投资者的投资价格降至新低价格。

11.4.3 估值调整条款

估值调整条款又称为对赌条款，即标的公司控股股东向投资者承诺，未实现约定的经营指标（如净利润、主营业务收入等），或不能实现上市、挂牌、被并购的目标，或出现其他影响估值的情形（如丧失业务资质、重大违约等）时，对约定的投资价格进行调整或者提前退出。估值调整条款包括但不限于以下几点。

1. 现金补偿或股权补偿

若标的公司的实际经营指标低于承诺的经营指标，则控股股东应当向投资者进行现金补偿，应补偿现金＝（1－年度实际经营指标÷年度保证经营指标）×投资者的实际投资金额－投资者持有股权期间已获得的现金分红和现金补偿；或者以等额的标的公司股权向投资者进行股权补偿。

但是，股权补偿机制可能导致标的公司的股权发生变化，影响股权的稳定性，在上市审核中不易被监管机关认可。

2. 回购请求权（Redemption Option）

如果在约定的期限内，标的公司的业绩达不到约定要求或不能实现上市、挂牌、被并购的目标，投资者有权要求控股股东或其他股东购买其持有的标的公司股权，以实现退出；或者约定溢价购买，溢价部分用于弥补资金成本或基础收益。

如果投资者与标的公司签署该条款，触发回购义务时将减少标的公司的注册资本，操作程序较为复杂，不建议采用。

此外，根据最高人民法院的司法判例，投资者与控股股东签署的对赌条款是签署方处分其各自财产的行为，应当认定为有效；但投资者与标的公司签署的对赌条款则涉及处分标的公司的财产，可能损害其他股东、债权人的利益，或导致股权不稳定和潜在争议，因而会被法院认定为无效。

11.4.4　出售权条款

为了在标的公司减少或丧失投资价值的情况下实现退出，投资协议中也会约定出售权的保护性条款，包括但不限于以下几点。

1. 随售权／共同出售权（Tag-Along Rights）条款

如果标的公司控股股东拟将其全部或部分股权直接或间接地出让给任何第三方，则投资者有权利但无义务，在同等条件下，优先于控股股东或者按其与控股股东之间的持股比例，将其持有的相应数量的股权出售给拟购买待售股权的第三方。

2. 拖售权／强制出售权（Drag-Along Right）条款

如果在约定的期限内，标的公司的业绩达不到约定的要求或不能实现上市、挂牌、被并购的目标，或者触发其他约定条件，投资者有权强制标的公司的控股股东按照投资者与第三方达成的转让价格和条件，和投资者共同向第三方转让股权。

11.4.5 清算优先权条款

如果标的公司经营亏损最终破产清算,投资者未能及时退出,可以通过清算优先权(Liquidation Preference Right)条款减少损失。应指出,我国现行法律不允许股东以超出出资比例的方式分取清算剩余财产。

《公司法》第一百八十七条规定:"公司财产在分别支付清算费用、职工的工资、社会保险费用和法定补偿金,缴纳所欠税款,清偿公司债务后的剩余财产,有限责任公司按照股东的出资比例分配,股份有限公司按照股东持有的股份比例分配。"

虽然有以上规定,但是股东之间可以约定再分配补偿机制。例如,投资协议中可以约定,发生清算事件时,标的公司按照相关法律规定依法支付相关费用、清偿债务、根据出资比例分配剩余财产后,如果投资者分得的财产低于其在标的公司的累计实际投资金额,控股股东应当无条件补足;也可以约定溢价补足,溢价部分用于弥补资金成本或基础收益。

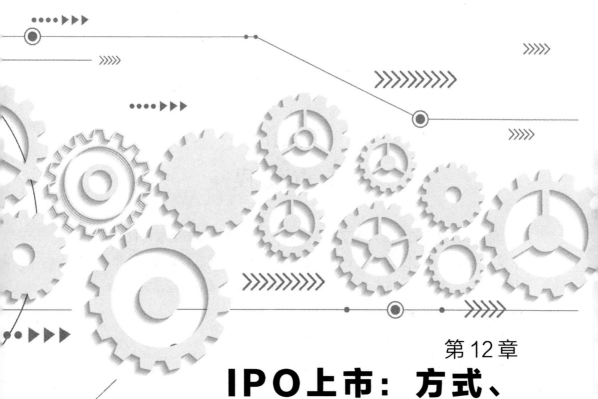

第 12 章
IPO上市：方式、流程、红线

上市是每个公司的梦想，但如果不清楚相关规则，即使这个梦想有机会实现，也很有可能把握不住，从而留下一生的遗憾。因此，在上市之前，公司必须从方式、流程、红线等方面进行了解。

12.1 上市流程

上市有固定的流程，少了其中任何一个环节，都不能取得良好的结果。首先，要做好充足准备，为上市奠定坚实基础；其次，设立股权公司；再次，进入三个月辅导期，核查相关条件；最后，完成申报与审核，顺利达成目标。

12.1.1 上市筹备

在上市之前，公司需要做一些准备工作，包括组建上市工作小组，选择中介机构；完成尽职调查，制定上市工作方案；增资扩股，提升业绩等。

1. 组建上市工作小组，选择中介机构

公司确定了上市目标之后，首先需要组建上市工作小组，选择中介机构。上市工作小组成员应当是公司内部专业且有经验的人员，一般由董事长担任组长，由董事会秘书、公司财务负责人、办公室主任、相关政府人员组成。

公司上市需要找4个中介机构合作，包括证券公司（保荐机构/主承销商）、会计师事务所、律师事务所及资产评估师事务所。根据《公司法》《中华人民共和国证券法》（以下简称《证券法》）等法律的相关规定，公司选择的中介机构必须具备相应的资格条件。

另外，公司在选择中介机构时，还应该注意其必须具备以下条件：有从事证券业务的资格，足够的实力和强大的合作能力；收费也要合理，不可以太高。

2. 完成尽职调查，制定上市工作方案

中介机构进场后就可以展开尽职调查了，此部分在前面已经详细介绍过，这里就不再赘述。

3. 增资扩股，提升业绩

增资扩股不是上市之前的必然选择，但因为益处比较大，所以很多公司都十分重视。

上市前增资扩股可以使公司提前获取一部分资金，用于提升经营业绩。例如，房地产公司上市必须要达到一定程度的土地储备，如果自有资金不足，只能通过增资扩股的方式完成土地储备新增。

一般来说，增资扩股的渠道一共有3种，分别是：公司未分配利润和公积金、公司原始股东增加投资、新股东入股。不过必须注意的是，在进行增资扩股时，公司实际控制人不能发生变更，主营业务不能发生重大变化，以免影响上市进程。

因为《首次公开发行股票并上市管理办法》第十二条规定："发行人最近3年内主营业务和董事、高级管理人员没有发生重大变化，实际控制人没有发生变更。"

12.1.2 设立股权公司

只有股权公司才能发行上市，所以有限责任公司在申请上市之前就必须改制为股权公司，具体可以从以下几个方面着手。

1. 净资产折股/验资

关于净资产折股/验资，《公司法》相关规定如表12-1所示。

表 12-1 《公司法》对于净资产折股/验资的相关规定

《公司法》	条　文
第二十七条	"股东可以用货币出资,也可以用实物、知识产权、土地使用权等可以用货币估价并可以依法转让的非货币财产作价出资;但是,法律、行政法规规定不得作为出资的财产除外。对作为出资的非货币财产应当评估作价,核实财产,不得高估或者低估作价。法律、行政法规对评估作价有规定的,从其规定。"
第九十五条	"有限责任公司变更为股权有限公司时,折合的实收股本总额不得高于公司净资产额。有限责任公司变更为股权有限公司,为增加资本公开发行股权时,应当依法办理。"

2. 召开创立大会及董事会、监事会

注资、验资完成后,发起人需要在30天内主持召开创立大会,组成人员是参与公司设立并认购股权的人。此外,发起人还需要在创立大会召开15日前将日期通知各认股人或者予以公告。

如果出席创立大会的发起人、认股人代表的股权总数少于50%,创立大会就无法举行;而如果创立大会顺利举行,就可以进行董事会、监事会成员选举。

然后,发起人需要组织召开股权公司的第一届董事会会议、第一届监事会会议,并在会议上选举董事长、董事会秘书、监事会主席、公司总经理等高级管理人员。

3. 申请登记注册

《公司法》第九十二条规定:"董事会应于创立大会结束后30日内,向公司登记机关报送下列文件,申请设立登记:公司登记申请书;创立大会的会议记录;公司章程;验资证明;法定代表人、董事、监事的任职文件及其身份证明;发起人的法人资格证明或者自然人身份证明;公司住所证明。以募集方式设立股份有限公司公开发行股票的,还应当向公司登记机关报送国务院证券监督管理机构的核准文件。"

公司登记机关收到股份有限公司的设立登记申请文件后,开始对文件进行审核,并在30天内作出是否予以登记的决定。如果登记申请文件符合《公司法》的各项规定,公司登记机关将予以登记,并下发营业执照;如果登记申

请文件不符合《中华人民共和国公司法》相关规定，则不予登记。

股份有限公司的成立日期就是营业执照的签发日期。股份有限公司成立后，应当进行公告。拿到营业执照意味着改制顺利完成，随后便可以进入上市之前的 3 个月辅导期。

12.1.3　进入3个月辅导期

在上市辅导过程中，辅导机构会在尽职调查的基础上根据上市相关法律规定明确的辅导内容。辅导内容主要包括以下几个方面。

（1）核查股份有限公司的合法性与有效性，包括改制重组、股权转让、增资扩股、净资产折股/验资等方面是否合法，产权关系是否明晰，商标、专利、土地、房屋等资产的法律权属处置是否妥善等。

（2）核查股份有限公司人事、财务、资产及供产销系统的独立完整性，督促公司实现独立运营，做到人事、财务、资产及供产销系统独立完整，形成核心竞争力。

（3）组织公司董事、监事、高级管理人员及持有 5% 以上（包括 5%）股份的股东进行上市规范运作和其他证券基础知识的学习、培训和考试，督促其增强法制观念和诚信意识。

（4）监督建立健全的组织机构、财务会计制度、决策制度和内部控制制度及符合上市要求的信息披露制度，使公司实现有效运作。

（5）规范股份有限公司和控股股东及其他关联方的关系，妥善处理同业竞争和关联交易问题，建立规范的关联交易决策制度。

（6）帮助公司制订业务发展目标和未来发展计划，制订有效可行的募股资金投向及其他投资项目规划。

（7）帮助公司开展首次公开发行股票的相关工作。在辅导前期，辅导机构应当协助公司进行摸底调查，制定全面、具体的辅导方案；在辅导中期，辅导机构应当协助公司集中进行学习和培训，发现问题并解决问题；在辅导后期，辅导机构应当对公司进行考核评估，完成辅导计划，做好上市申请文件的准备工作。

需要注意的是，辅导有效期为3年，即本次辅导期满后3年内，公司可以向主承销商提出股票发行上市申请；超过3年，则须按《首次公开发行股票并上市管理办法》规定的程序和要求重新聘请辅导机构进行辅导。

12.1.4 申报与核准

公司顺利通过上市前的3个月辅导期之后，就可以向中国证监会发出上市申请。中国证监会受理后的核查是决定公司能否成功上市的关键环节，需格外重视。

1. 制作申报材料

申报材料主要由各中介机构分工制作，然后由主承销商汇总并出具推荐函，主承销商核查通过后，会将其送往中国证监会。

根据中国证监会发布的《公开发行证券的公司信息披露内容与格式准则第9号——首次公开发行股票并上市申请文件》，公司需要制作的申报材料包括：招股说明书、发行人关于本次发行的申请及授权文件、保荐人关于本次发行的文件、会计师关于本次发行的文件、发行人律师关于本次发行的文件、发行人的设立文件、关于本次发行募集资金运用的文件、发行人关于最近三年及一期的纳税情况的说明、成立不满三年的股权有限公司需报送的财务资料、成立已满三年的股权有限公司需报送的财务资料、与财务会计资料相关的其他文件、定向募集公司还应提供的文件。

2. 申请报批

中国证监会收到公司的上市申请后，会在5个工作日内做出是否受理的决定，如果同意受理，公司需要按照相关规定向中国证监会缴纳审核费；如果不同意受理，中国证监会则需要出具书面意见并说明理由。

另外，《关于进一步规范发行审核权力运行的若干意见》中明确指出："在正常审核状态下，从受理到召开反馈会不超过45天，从发行人落实完毕反馈意见到召开初审会不超过20天，从发出发审会告知函到召开发审会不超过10天。"

12.2 IPO 上市方式：境内、直接或间接境外上市 ①

IPO 上市有三种方式，一是境内上市，即在上海证券交易所或深圳证券交易上市；二是直接境外上市，即在中国香港联合交易所、纽约证券交易所、纳斯达克证券交易所或新加坡证券交易所等境外证券交易所直接上市；三是通过收购海外上市公司或者在海外设立离岸公司的方式在境外证券交易所间接上市。

12.2.1 境内上市：A 股、B 股

境内上市的核心优势是，上市公司在发行同样股票的情况下能够融到更多的资金。A 股和 B 股是境内上市的两大交易币种，上海证券交易所和深圳证券交易所是境内上市的两大主体。

首先来说 A 股和 B 股。

A 股的正式名称为"人民币普通股"，是指境内公司发行的普通股票。简单来说，上海证券交易所和深圳证券交易所发行的用人民币进行买卖的股票统称为 A 股。

与 A 股相比，B 股是指人民币特种股，又称"境内上市外资股"，由境内公司发行，以人民币标明面值，以外币（在上海证券交易所以美元，在深圳证券交易所以港币）认购和买卖。B 股主要供中国港澳台地区以及国外的自然人、法人和其他组织，还有定居在国外的中国公民等投资者买卖和交易。

下面详细列举了 A 股和 B 股的区别，如表 12-2 所示。

---

① 此部分内容境内、境外以海关关境划分，境内不包括港澳台地区。

表 12-2　A 股和 B 股的区别

名称		交易币种	记账方式	交割制度	涨跌幅限制	参与投资者
A 股	人民币普通股	以人民币认购和交易	A 股不是实物股票，以无纸化电子记账	实行"T+1"交割制度	±10%	境内机构、个人以及境内居住的港澳台地区的居民
B 股	人民币特种股	以人民币标明面值，只能以外币认购和交易	B 股不是实物股票，以无纸化电子记账	实行"T+3"交割制度	±10%	中国港澳台地区以及国外的自然人、法人和其他组织，还有定居在国外的中国公民

与 B 股上市相比，申请 A 股上市要求严格，门槛高，而且周期相对较长。不过，境内公司还是将 A 股上市作为长期目标，原因有四个：第一，市盈率高；第二，融资能力强；第三，发行成本低；第四，本土市场国内知名度高。在这种情况下，申请 A 股上市、B 股转 A 股便成为当下的趋势。

再来说上海证券交易所和深圳证券交易所。

上海证券交易所和深圳证券交易所成立以来，不断改进股票市场的交易运作，逐步实现了计算机化、网络化及股票的无纸化操作。当前，两大证券交易所的主要证券品种有股票、国债、公司债券、权证、基金等，组成方式为会员制。

在业务范围方面，两大证券交易所可以组织并管理上市证券；提供证券集中交易的场所；办理上市证券的清算与交割；提供上市证券市场信息；办理中国人民银行许可或委托的其他业务等。在业务宗旨方面，两大证券交易所都坚持"完善证券交易制度，加强证券市场权利，促进中国证券市场的发展与繁荣，维护国家、公司和社会公众的合法权益"。

随着经济形势的不断好转，上海证券交易所和深圳证券交易所的竞争逐步激烈化，不过，这样的竞争有利于加强两大证券交易所的升级意识，促使股票市场的进一步完善，进而提升中国在国际上的影响力，为两大证券交易所走上世界舞台奠定了坚实基础。

12.2.2　直接境外上市：H 股、S 股、N 股

直接境外上市是指公司以境内股份有限公司的名义向境外证券主管部门

第 12 章
IPO 上市：方式、流程、红线

申请登记注册、发行股票，并向当地证券交易所申请挂牌上市。

通常所说的 H 股、N 股、S 股分别是指公司在中国香港联合交易所发行股票并上市、公司在纽约证券交易所发行股票并上市、公司在新加坡证券交易所发行股票并上市。

首先来看 H 股。

因为香港的英文名称为"Hong Kong"，首字母为"H"，所以得名 H 股。H 股通常采用"T+0"交割制度，涨跌幅无限制。

作为境外上市的去处之一，香港距离内地最近，所以很多公司将其作为寻求境外上市的首选。香港投资者对内地的公司有着非常高的认知度，而且香港拥有全球最活跃的二级市场，流动性非常好。

根据香港联合交易所有关规定，内地的公司在香港发行股票并上市应满足以下条件（以主板为例）。

1. 财务要求

主板新申请人须具备不少于 3 个财政年度的营业记录，并须符合下列 3 项财务准则中的 1 项。

（1）盈利测试。股东应占盈利：过去 3 个财政年度至少 5 000 万港元（最近一年盈利至少 2 000 万港元盈利，前两年累计盈利至少 3 000 万港元）；市值：上市时至少达 2 亿港元。

（2）市值/收入测试。市值：上市时至少达 40 亿港元；收入：最近一个经审计财政年度至少 5 亿港元。

（3）市值/收入测试/现金流量测试。市值：上市时至少达 20 亿港元；收入：最近一个经审计财政年度至少 5 亿港元；现金流量：前 3 个财政年度来自营运业务的现金流入合计至少 1 亿港元。

2. 会计准则

新申请人的账目必须按《香港财务汇报准则》或《国际财务汇报准则》编制。经营银行业务的公司必须同时遵守香港金融管理局发出的《本地注册认可机构披露财务资料》。

（创业板与主板相同。）

3. 是否适合上市

新申请人及其业务必须是香港联合证券交易所认为适合上市的发行人及业务。如发行人或其集团（投资者除外）全部或大部分的资产为现金或短期证券，则其一般不会被视为适合上市，除非其所从事或主要从事的业务是证券经纪业务。

4. 营业记录及管理层

新申请人须在至少前 3 个财政年度管理层大致维持不变；在至少最近一个经审计财政年度拥有权和控制权大致维持不变。

豁免。在市值/收入测试下，如新申请人能证明下述情况，香港联合证券交易所可接纳新申请人在管理层大致相若的条件下具备为期较短的营业记录：董事及管理层在新申请人所属业务及行业中拥有足够（至少 3 年）及令人满意的经验；在最近一个经审计财政年度管理层大致维持不变。

5. 最低市值

新申请人上市时证券预期市值至少为 2 亿港元。

6. 公众持股的市值和持股量

新申请人预期证券上市时由公众人士持有的股份的市值须至少为 5 000 万港元；无论何时公众人士持有的股份至少须占发行人已发行股本的 25%。

若发行人拥有一类或以上的证券，其上市时由公众人士持有的证券总数必须至少占发行人已发行股本总额的 25%；但正在申请上市的证券类别占发行人已发行股本总额的百分比不得少于 15%，上市时的预期市值也不得少于 5 000 万港元。

如发行人预期上市时市值超过 100 亿港元，则香港联合证券交易所可酌情接纳一个介乎 15%～25% 的较低百分比。

7. 股东分布

持有有关证券的公众股东须至少为300人；持股量最高的3名公众股东实际持有的股数占证券上市时公众持股量的比例不得超过50%。

8. 主要股东的售股限制

上市后6个月内不得售股，其后6个月内仍要维持控股权。

9. 竞争业务

公司的控股股东（持有公司股份35%或以上者）不能拥有可能与上市公司构成竞争的业务。

10. 信息披露

一年两度的财务报告需及时披露。

11. 包销安排

公开发售以供认购必须全面包销。

再来看N股。

N股是指那些注册在中国内地，上市在纽约证券交易所的外资股，取英文单词"New York"的第一个字母"N"作为名称。一般来说，在纽约证券交易所上市需要满足以下条件。

1. 财务要求

上市前2年，每年税前收益为200万美元，最近一年税前收益为250万美元；或3年必须全部盈利，税前收益总计为650万美元，最近一年最低税前收益为450万美元。

2. 最低市值

公众股市场价值为4 000万美元；有形资产净值为4 000万美元。

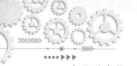

3. 最低公众持股数量和业务记录

公司最少要有2 000名股东（每名股东拥有100股以上）；或2 200名股东（上市前6个月月平均交易量为10万股）；或500名股东（上市前12个月月平均交易量为100万股）；至少有110万股的股数在市面上为投资者所拥有（公众股110万股）。

4. 其他要求

对公司的管理和操作有多项要求；详细说明公司所属行业的相对稳定性，公司在该行业中的地位，以及公司产品的市场情况。

最后来看S股。

S股是指那些注册在内地，上市在新加坡证券交易所的外资股，下面一起看看新加坡证券交易所的上市要求（以主板为例）。

1. 营运记录

须具备3年业务记录，发行人最近3年主要业务和管理层没有发生重大变化，实际控制人没有发生变更；没有营业记录的公司必须证明有能力取得资金，以进行项目融资和产品开发，该项目或产品必须已进行充分研发。

2. 盈利要求

过去3年的税前利润累计为750万新币（合3 750万元），每年至少100万新币（合500万元）；或过去1~2年的税前利润累计1 000万新币（合5 000万元）；或3年中任何一年税前利润不少于2 000万新币，且有形资产价值不少于5 000万新币；或无盈利要求。

3. 最低公众持股量及市值

至少1 000名股东持有公司股份的25%，如果市值大于3亿新币，股东的持股比例可以降低至10%；或无最低市值要求。

4. 证券市场监管

如果公司计划向公众募股，该公司必须向社会公布招股说明书；如果公司已经拥有足够的合适股东，并且有足够的资本，无须向公众募集股份，该公司必须准备一份与招股说明书类似的通告交给交易所，被公众查询。

上市对公司意义重大，到底选择在哪一个市场上市需要创业者慎重考虑，应视公司的具体情况而定。

12.2.3 间接境外上市：买壳、造壳

与直接境外上市相对应，间接境外上市即大家通常所说的境内公司海外"借壳上市"。

通过借壳上市的方式实现境内公司境外上市，境内公司与境外上市公司的联系靠资产或业务的注入、控股。

借壳上市包括两种模式：一是买壳上市，二是造壳上市。两种模式的本质都是将境内公司的资产注入壳公司，达到上市的目的。

下面分别看一下买壳上市和造壳上市。

买壳上市行为中有两个主体：一个是境内公司，另一个海外上市公司。首先，境内公司需要找到合适的海外上市公司作为壳公司；其次，境内公司完成对壳公司的注资，获得其部分或全部股权。这样境内公司就实现了海外间接上市的目的。

以美国的反向收购上市（实质为买壳上市）为例，其分为两个交易步骤。首先是买壳交易，境内公司的股东通过收购股份的形式，绝对或相对地控制一家海外上市公司（即壳公司）；其次是资产转让交易，境内公司将资产及营运注入壳公司，从而实现间接上市。

在反向收购上市中，壳公司向境内公司股东定向增发的股票数量远大于壳公司原来累计发行的股票数量。因此，表面上看是壳公司收购了境内公司，实际是境内公司因获得壳公司定向增发的控股数量的股票而控制了两家公司合并后的上市公司。

对买壳上市的公司来说,找到一个干干净净的壳公司是成功上市的关键。壳公司的股票可能仍在交易,也可能停止了;公司业务可能还在正常运营,也可能停止了。

但一般情况下,壳公司已经背上负债,资产非常少,或者已经没有什么价值。例如,厂房已经抵押,中介费用和设备租用费用拖欠等。因此,选择壳公司之前一定要仔细调查和考虑。理想的壳公司应该有如图12-1所示的4个特点。

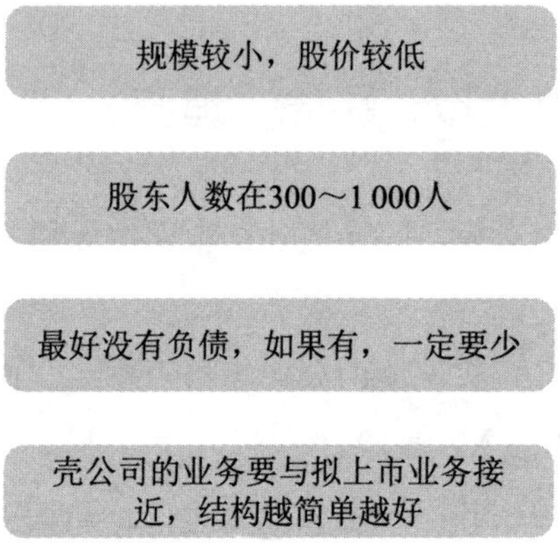

规模较小,股价较低

股东人数在300~1 000人

最好没有负债,如果有,一定要少

壳公司的业务要与拟上市业务接近,结构越简单越好

图12-1　理想的壳公司特点

第一,规模较小,股价较低。这样可以降低购买壳公司的成本,有利于收购成功。

第二,壳公司的股东人数在300～1 000人。股东如果在300人以下,则公众股东太少,没有公开交易的必要;如果股东超过1 000人,那么新公司需要与这些人联系并递交资料报告,无形中增加了成本。另外,股东太多会给收购制造更多的困难。

第三,最好没有负债,如果有,一定要少。负债越多,收购成本就越高。另外,公司原始股东因负债对公司的不满会因为新股东入驻而爆发出来。当然,壳公司不应当涉及任何法律诉讼案件,否则会给上市带来很多麻烦。

第四,壳公司的业务要与拟上市业务接近,结构越简单越好。

如果条件允许,借助专业人士寻找壳公司是最好的方法。一般来说,投资银行常常会有好的建议。

第 12 章
IPO 上市：方式、流程、红线

买壳上市对于公司财务披露的要求相对宽松，可以缩短实际上市的时间。

与此同时，买壳上市有两个不利之处：一是买壳成本高，二是风险比较大。例如，可能会因为对境外上市公司不熟悉，在收购后发现购买了垃圾股票，不但无法实现向市场融资的目的，反而背上了债务包袱。

关于上市，最具有争议的问题无疑是，在境外买壳和直接上市之间如何选择。下面对这一问题进行回答。首先，需要明确公司的现状、股东的目标、向市场融资的急迫程度和计划采用的模式。

如果公司已经满足上市要求，那么直接上市无疑是最好的选择。直接上市要求公司必须遵循拟上市地区的监管法则和市场规则，但是一些公司可能难以达到这一要求。例如，上市对公司的业绩有要求，但一些公司的业绩可能因长时间处于负增长状态而无法满足这一要求。

此外，上市还需要选择正确的时机，市场不景气的时候很难成功上市。阿里巴巴在纽约成功上市之所以影响巨大，有一部分原因就是马云对于上市时机把握得好。

如果公司需要短期向市场大规模融资，直接上市的漫长等待很容易拖垮公司。因此，境外买壳成为公司直接上市之外的后备方案。买壳上市的成本非常高，但是其有些优点是其他上市方式无法替代的。

买壳上市可以在最短时间内控制一家上市公司，然后等待最佳融资时机，不需要将大把时间花费在上市准备上。中国内地公司国美电器、盈科数码和华宝国际都是在买壳后等待融资时机最后成功退出。

总体来说，买壳上市更适合股东的资金实力雄厚，可以先拿出一定资产再解决融资需求的公司。作为已经上市一段时间的壳公司，其股东基础可能比直接上市更广泛，股票更活跃。

关于买壳的成本，由低到高分别是美国、新加坡、中国香港，公司应当根据自己的支付能力进行选择。

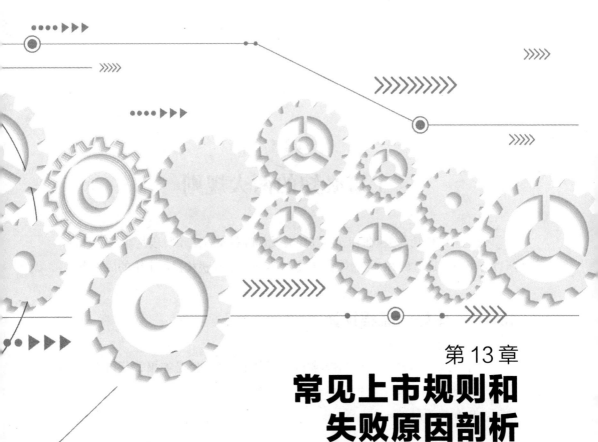

第13章
常见上市规则和失败原因剖析

读懂上市规则可以加快上市进度,而步入陷阱则会导致上市失败。因此,创业者需要了解两个方面的知识:一方面用小技巧提升上市准备的效率;另一方面避免走入前人总结出的陷阱。

13.1 上市必知的两大规则

通过总结成功与失败的上市案例,会发现准备发行上市阶段是非常重要的。所以公司可以通过做好全流程预算和寻找专业的辅导机构提高上市的成功率。

13.1.1 做好全流程预算

对于上市,虽然不是钱花得越多,进程就越快,但是如果钱花得不到位,那么一定会影响公司上市的正常进程。总的来说,公司在上市过程中需要承担的费用如表 13-1 所示。

表 13-1 公司上市过程中相关项目及收费标准

项 目	收 费 标 准
财务顾问费	参照行业标准由双方协商确定
辅导费	参照行业标准由双方协商确定
承销费	一般在 800 万~1 600 万元
会计师费	一般在 80 万~150 万元
律师费	一般在 70 万~120 万元
评估费	一般在 10 万~50 万元
路演费	参照行业标准由双方协商确定
保荐费	一般在 200 万~400 万元
初费/年费	深圳证券交易所:初费为 3 万元;年费按月收取,5 000 万股本以下每月 500 元,股本每增加 1 000 万元增加 100 元,最高限额每月 2 500 元; 上海证券交易所:初费按总股本 0.03% 收取,最高不超过 3 万元;年费按上市总面额的 0.012% 收取,最高不超过每年 6 000 元

续表

项　　目	收　费　标　准
股票登记费	深圳证券交易所：发起人股、国家股、国有法人股免费；流通股按股本面值3‰收取；其他非流通股按股本面值1‰收取； 上海证券交易所：按所登记的股权面值收取，5亿股（含）以下的费率为1‰；超过5亿股的部分，费率为0.1‰；金额超过300万元以上部分予以免收
信息披露费	视实际情况而定
印刷费	视实际情况而定
差旅费	视实际情况而定

通过分析上市案例中的上市费用，可以发现我国内地发行上市的总成本一般为融资金额的6%～8%。

13.1.2　寻找专业的中介机构

在上市准备阶段，中介机构的辅导是必不可少的，公司应当听从中介机构的指导意见。

对于中介机构发现的公司在经营管理中存在的问题，公司必须听从中介机构的指导意见进行整改，最终达到完善治理、加强管理、规范经营的目的。

"听从中介机构的指导意见"看似很简单，但是很多公司都做不到。它们依然我行我素，有问题也不整改，最终的结果就是上市失败。只有听从中介机构的指导意见，才能做到事半功倍。

王先生是券商的工作人员，他曾经遇到一家这样的公司：公司计划上市，已经进入辅导期。然而，在辅导过程中，该公司十分自我，丝毫不听取券商关于上市辅导规范的要求。例如，相关法律要求上市时需避免同业竞争，减少关联交易，王先生告诉该公司应该处置参股公司，减少关联方和关联交易，但是它却坚持把关联交易做得很大。结局可以预料，上市被否。

中介机构毕竟是从事上市业务的专业机构，对上市规则非常了解，所以，公司需要听从中介机构的指导意见，否则很容易陷进坑里，导致上市失败。

13.2 导致上市失败的常见六大因素

上市失败主要分为 3 种情况：一是上市申请被中国证监会否决；二是拿到上市申请核准后被撤销；三是公司主动向中国证监会撤回上市申请。

上市失败将对公司造成重大打击，包括打乱公司未来发展计划、因资金问题导致经营困难、引起社会负面关注、员工流失等。因此，公司需要提前预防，尽量避免出现相关问题。

13.2.1 遭到竞争对手或用户举报

对上市没有充分重视，在上市过程中不注意维护各方关系，很容易导致竞争对手或用户举报，最终影响公司的上市进程。

有的公司因为与竞争对手恶意竞争，树敌太多，所以申请上市的时候，遭到竞争对手的举报或起诉。还有一些公司未实施股权激励计划，不重视与员工的双赢关系，或者股权激励计划引发了员工内部矛盾，这很容易遭到内部员工的举报。

例如，公司的上市申请本来已经公告发审会时间，但中国证监会突然发布了暂缓审核或取消审核的消息。

通常情况下，中国证监会做出这样的决定是因为公司被内部员工举报了，这时，公司应当配合中介机构核查有关举报事项，找到解决办法。中国证监会作为监管部门，一旦发现当前审核的上市项目被举报，一定会核实，公司需要尽快处理相关事宜。

有的公司因为涉嫌"推荐的炒股软件属虚假宣传，诱骗股民投入升级软件"而被举报，导致上市前几个小时被取消上市资格；也有公司因为被竞争对手起诉侵权事项而无法在 A 股路上走下去。

防范竞争对手或用户举报的根本措施就是公司合法合规经营。在此基础上，日常经营活动发生纠纷也是所有公司都会遇到的事情，这些纠纷是否会影响公司的上市进程,关键在于公司处理纠纷的能力。因此,公司在平时应当及时化解矛盾,不要让这些矛盾积累到上市关键期集中爆发,争取为上市构建一个良好的环境。

13.2.2　财务有造假现象

业绩指标是上市的重要条件之一,大部分公司不具备上市资格的原因就是业绩指标达不到要求。可以说,只有满足了业绩指标要求,公司才有上市的机会,否则就可以暂时不考虑上市。在这种情况下,一些没有满足业绩指标要求的公司为了进入资本市场,开始走一些所谓的"捷径",例如在财务上造假。

创业板要求业绩增长率连续两年不低于30%,一旦下滑就失去了上市资格,于是很多公司选择操纵财务数据。

下面以公司A为例看财务是如何被操纵的。2017年,公司A启动创业板上市,保荐机构为南京证券。2019年4月24日,公司A通过中国证监会发行审核委员会审核,正式发布招股说明书,登陆创业板。

在2016—2018年年度报告中,公司A通过资金循环、虚构销售业务、虚构固定资产等手段虚增2018年利润总额2 042.36万元,占当年利润总额的48.52%;虚增2017年利润总额305.82万元,占当年利润总额的11.52%;虚增2016年利润总额280万元,占当年利润总额的16.53%。另外,公司A在2019年披露的招股说明书申报稿及上会稿中有重大遗漏。

在2011—2016年,公司A利用由其实际控制或者掌握银行账户的关联公司操控资金流转,采用伪造合同、发票、工商登记资料等手段达到了虚构交易业务、虚增资产、虚增收入的目的。公司A的招股说明书中包含了上述虚假内容。

媒体首先爆出公司A涉嫌财务造假,在媒体提出质疑后,公司A及其保荐机构南京证券于2019年7月向中国证监会提交终止发行上市申请。3个月后,中国证监会对公司A涉嫌违法违规行为立案调查。最终,公司A及其高管、董事和保荐机构都受到了惩罚。

对公司来说,上市是发展到一定规模水到渠成的事情。如果采取一些非法手段，即便通过了审核，可以上市，在后期发展过程中还会出现更多问题。到那个时候，结果往往是公司难以承受的。

13.2.3　缺乏独立开展经营活动的能力

独立性存在严重缺陷是上市申请被否的主要原因之一。独立性存在严重缺陷指的是公司的重要销售收入、生产、采购等来源于控股股东或者关联方。

按照上市要求，发行人的采购、生产、销售体系必须完整，且具有独立开展经营活动的能力。在上市前，发行人必须切断与关联方的关联交易，或者将关联方收购、转让以减少和消除关联交易。然而，一些公司试图蒙混过关，但都没有躲过中国证监会的法眼。

以北京公司 A 为例，中国证监会创业板发审委否决其上市申请的理由为："2018 年 10 月，你公司将原全资子公司 B 股权转让给 C 公司，转让后，C 公司提供机顶盒的外协加工，并代购部分辅料。2017—2019 年，你公司与其交易金额分别为 900.48 万元、1 734.43 万元、1 872.87 万元，占你公司当期外协金额的比例分别为 89.14%、79.81%、35.09%。报告期内你公司转让子公司 B 公司股权前后与其交易金额较大，业务体系的完整性存在瑕疵。"

独立性存在严重缺陷在关联交易上的表现有 3 种。第一种是关联交易非关联化，这是一种比较隐蔽的做法。具体来说，公司首先会把关联公司的股权转让给第三方，以达到非关联化的表象。然后，公司会与转让后的关联公司展开隐蔽的大宗交易。

中国证监会在审核过程中，一般会关注公司交易的程序及价格。如果交易的价格与公允价格相差较多，中国证监会就会认定公司存在关联交易非关联化问题，然后否决其上市申请。

第二种是非关联方利益输送。公司为了规避对重大关联交易进行详细披露的义务，可能会采取隐蔽的、灰色的非关联利益输送的方式以实现利润操纵。

此类方式包括供应商减价供应、经销商加价拿货甚至囤货、员工减薪、股东通过非法业务为公司报销费用或虚增收入等。在实际操作中，公司会向经销商、供应商或员工承诺，一旦公司成功上市就向他们进行补偿，因此双方往往可以达成一致，从而进行隐蔽的利益输送。

对于此类操作手法，如果公司的进货或者销售价格不符合市场平均水平，中国证监会就会要求保荐机构及公司做出核查和充分解释；如果公司存在明显的税务依赖问题，中国证监会也会拒绝其上市申请。

第三种是明显的关联方利益输送。一些公司明知道上市之前应当消除关联交易，但是仍存在侥幸心理，继续使用这种操作手法。例如，公司多次与关联公司股东签订大额销售合同，多次向关联公司低价购买专利等。

既然选择了上市，公司就应当遵循相关规定，企图靠投机取巧或者利用不正当手段通过中国证监会的审核都不可行。

13.2.4　内控机制不完善

内控机制指的是公司管理层制定的对内部员工从事业务活动进行风控管理的一套政策、制度、措施及方法，其目的是保证经营目标的顺利实现。

现如今，内控机制薄弱已经成为公司的三大硬伤之一，完善内控机制也已经成为上市的必经之路。财务核算混乱是内控机制薄弱的常见体现。由于内控被否的案例非常多，湖北永祥粮食机械股份有限公司就是其中之一。

对于否决其上市申请，中国证监会发审委给出的原因如下所述。

"发审委在审核中关注到，你公司未能对下列事项的合理性提供充分可靠证据：

一、2017年、2018年和2019年成套设备中的单机均价分别是单独单机均价的1.99倍、2.71倍和2.66倍，成套设备毛利率高于单机产品毛利率。

二、对需要交付并投入运营的成套设备，在该成套设备中的各批次单机设备单独签字确认验收后，即确认该单机的营业收入。

上述事项说明你公司内部控制（会计控制）制度存在缺陷，不能合理保证公司财务报告的可靠性，不符合《首次公开发行股票并在创业板上市管理办法》（中国证监会令第99号）第十九条的有关规定。"

《首次公开发行股票并在创业板上市管理办法》（中国证监会令第99号）

第十九条规定："发行人内部控制制度健全且被有效执行,能够合理保证公司运行效率、合法合规和财务报告的可靠性,并由注册会计师出具无保留结论的内部控制鉴证报告。"

那么,拟上市公司应当如何建设内控机制,防止因为内控机制薄弱上市被否呢？建设内控机制的流程如图13-1所示。

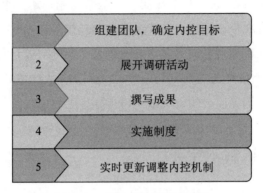

图13-1　建设内控机制的流程

1. 组建团队,确定内控目标

建设内控机制是公司的重点工程,应当由创始人或者有权威的高管担任领导小组的组长,各部门负责人担任执行小组的组长。内控目标需要结合公司的发展目标制定。

2. 展开调研活动

内控小组可以通过访谈、测试、召开座谈会等方式了解各业务管理、制度流程的执行状况,同时对照相关规定查找公司内控方面存在的缺陷,并形成记录。

3. 撰写成果

完成调研后,内控小组要梳理公司当前的组织架构、业务流程,明确各部门及各岗位职责,按照上市规范建立合规的组织架构。

另外，内控小组应当指导各部门完善现有的制度体系，并针对各部门提交的制度流程进行审核、规范、汇总，形成公司的统一的内控机制文件，报公司主管审批后下发实施。

4. 实施制度

出台新制度之后，公司需要做好相关的培训、宣传及动员工作，并通过奖惩机制推动制度的执行。

5. 实时更新调整内控机制

事物都在不断地发展变化，包括公司及公司所处环境。在这个过程中，公司遇到的风险也会跟着改变，因此公司需要将建设内控机制当作一项长期的工作，适时对其进行更新和调整。

建设内控机制是一个很大的工程，不是几句话就能说完的。公司如果有上市计划，应当从现在就开始抓内控工作。

13.2.5 董事、高管不稳定，经常变动

公司申请上市需要满足一个条件：最近两三年董事、高级管理人员没有发生重大变化，实际控制人没有发生变更。

然而，有的公司申请上市时，频繁变动董事、高级管理人员。创始人甚至认为，只要自己还在，就不算是实质变化。但中国证监会却不这么认为。

北京有一家公司就是因为这一原因没有成功上市，对于否决原因，中国证监会是这样说的：

"发审委在审核中关注到，你公司存在以下情形：2019年3月前，公司董事会由6人组成，后经过3次调整增至9人，除去3名独立董事外，3年内董事会仅张浔、刘新平二人未发生变化。申请材料及现场陈述中未对上述董事变化情况及对公司经营决策的影响做出充分、合理的解释。

发审委认为，上述情形与《首次公开发行股票并上市管理办法》（中国证监会令第32号）第十二条的规定不符。"

《首次公开发行股票并上市管理办法》（中国证监会令第32号）第十二条规定："发行人最近3年内主营业务和董事、高级管理人员没有发生重大变化，实际控制人没有发生变更。"

关于董事、高级管理人员发生重大变化的认定，中国证监会并没有给出参考标准，主要从质和量两个角度进行判断。

中国证监会审核董事高级管理人员发生重大变化事项时，通常会关注两个方面，一是变化原因，二是发生变化的具体岗位与股东和实际控制人的关系。如果创始人发生变动，即便只有一个人，也会被视为重大变化。

当然，对于前期治理不规范的公司来说，增加董事、独立董事、财务总监、董秘等不会被认定为重大变化。同时，国有公司因为组织安排导致的变动也会轻易被认定为重大变化。

在实际操作中，关于重大变化的认定通常使用"三分之一"标准，即报告期内，只要截至期末董事、高管的变动人数达到报告期初董事、高管人数基数的1/3，就认为发生了"重大变化"。但如果各种变动对核心人员没有影响都不属于重大变化。

另外，公司根据章程规定正常换届及新聘高级管理人员造成的1/3以上变化也不属于重大变化，但需运行一年，且当年公司的经营业绩未发生重大不利变化。因此，关于重大变化的实质判断，公司需要与中介机构配合，同时还必须兼顾"三分之一"标准。

13.2.6 虚假陈述、不披露硬伤及误导性陈述

有的公司为了隐瞒经营管理过程中存在的问题，成功通过中国证监会的审核，在撰写招股说明书的过程中采取了虚假陈述、不披露硬伤和误导性陈述的方法，企图蒙混过关。

然而，除了监管机构以外，媒体和公众也都在关注公司的招股说明书，所以蒙混过关的可能性几乎为零。

某公司就因为发行申请文件有重大遗漏而导致上市被否。对于被否的原因，中国证监会是这样说的：

"与 2019 年 11 月编制的招股说明书相比，你公司 2017 年 3 月向中国证监会首次报送且经预披露的招股说明书存在未披露 3 家关联人的情形，同时还存在 1 家关联人的关联关系披露不一致的情形；你公司 2018 年 3 月向中国证监会第二次报送的招股说明书存在未披露 5 家关联人的情形，报送的发行申请文件有重大遗漏的情形。"

以上是公司在上市过程中容易遇到的六个大坑，只要遇到其中一个，上市的希望就会非常渺茫。因此，公司应当提前了解这些大坑，争取将上市之路的各种障碍清理干净。

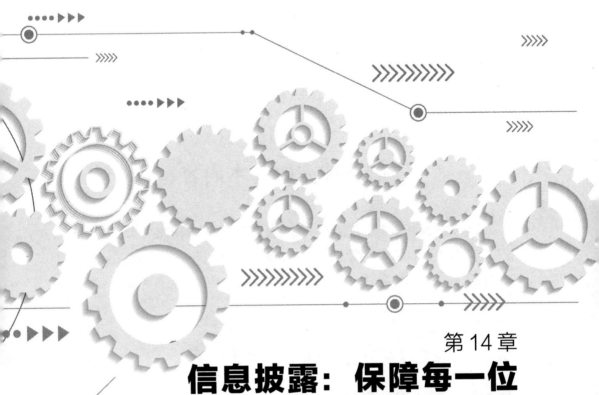

第 14 章
信息披露：保障每一位投资者的利益

　　信息披露是通过报告或者说明书的形式，定期把公司的信息和相关情况向社会公众和投资者传达，以便社会公众和投资者可以了解公司的现状，做出投资选择。下面来了解信息披露的基本内容和原则。

14.1 信息披露的基本内容

信息披露的基本内容包括：业绩快报，是对上年同期相关数据的整理汇报；定期报告，包括年度报告、半年度报告和季度报告；业绩预告，注重对时间的限制，需在规定时间内进行；临时报告，是对重大事件或者有影响事件的报告。

14.1.1 业绩快报：上年同期相关数据

根据全国股转系统官网公布的《挂牌公司信息披露及会计业务问答——业绩预告、业绩快报与签字注册会计师定期轮换》的公告，业绩快报适用于预计年度报告正式披露前年度业绩无法保密的，或预约在会计年度次年 4 月披露年度报告的创新层挂牌公司。

14.1.2 定期报告：年度、半年度、季度

定期报告包括年度报告、半年度报告和季度报告。

根据《证券法》的规定，上市公司和公司债券上市交易的公司，应当在每一会计年度的上半年结束之日起 2 个月内，向国务院证券监督管理机构和证券交易所报送中期报告，并予公告。

上市公司和公司债券上市交易的公司，应当在每一会计年度结束之日起 4

个月内，向国务院证券监督管理机构和证券交易所报送年度报告，并予公告。

14.1.3　业绩预告：有严格的时间限制

根据《挂牌公司信息披露及会计业务问答——业绩预告、业绩快报与签字注册会计师定期轮换》的公告，业绩预告适用于在年度报告正式披露前，预计上一会计年度净利润发生重大变化的，或在下半年度预计当期年度净利润将发生重大变化的创新层挂牌公司。

根据《上海证券交易所股票上市规则》的规定，上市公司预计年度经营业绩将出现下列情形之一的，应当在会计年度结束后一个月内进行业绩预告，预计中期和第三季度业绩将出现下列情形之一的，可以进行业绩预告：

（1）净利润为负值；

（2）净利润与上年同期相比上升或者下降 50% 以上；

（3）实现扭亏为盈。

14.1.4　临时报告：有深刻影响的重大事件

根据《证券法》的规定，发生可能对上市公司股票交易价格产生较大影响的重大事件，投资者尚未得知时，上市公司应当立即将有关该重大事件的情况向国务院证券监督管理机构和证券交易所报送临时报告，并予公告，说明事件的起因、目前的状态和可能产生的法律后果。

下列情况为应当报送临时报告的重大事件：

（1）公司的经营方针和经营范围发生的重大变化；

（2）公司的重大投资行为和重大的购置财产的决定；

（3）公司订立的重大合同，可能对公司的资产、负债、权益和经营成果产生重大影响；

（4）公司发生重大债务和未能清偿到期重大债务的违约情况，或者发生大额赔偿责任；

（5）公司发生重大亏损或者重大损失；

（6）公司生产经营的外部条件发生的重大变化；

（7）公司的董事、1/3以上监事或者经理发生变动；董事长或者经理无法履行职责；

（8）持有公司5%以上股权的股东或者实际控制人，其持有股权或者控制公司的情况发生较大变化；

（9）公司减资、合并、分立、解散及申请破产的决定；或者依法进入破产程序、被责令关闭；

（10）涉及公司的重大诉讼、仲裁，股东大会、董事会决议被依法撤销或者宣告无效；

（11）公司涉嫌违法违规被有权机关调查，或者受到刑事处罚、重大行政处罚；公司董事、监事、高级管理人员涉嫌违法违纪被有权机关调查或者采取强制措施；

（12）新公布的法律、法规、规章、行业政策可能对公司产生重大影响；

（13）董事会就发行新股或者其他再融资方案、股权激励方案形成相关决议；

（14）法院裁决禁止控股股东转让其所持股权；任一股东所持公司5%以上股权被质押、冻结、司法拍卖、托管、设定信托或者被依法限制表决权；

（15）主要资产被查封、扣押、冻结或者被抵押、质押；

（16）主要或者全部业务陷入停顿；

（17）对外提供重大担保；

（18）获得大额政府补贴等可能对公司资产、负债、权益或者经营成果产生重大影响的额外收益；

（19）变更会计政策、会计估计；

（20）因前期已披露的信息存在差错、未按规定披露或者虚假记载，被有关机关责令改正或者经董事会决定进行更正；

（21）中国证监会规定的其他情形。

14.2 信息披露的原则

上市公司进行信息披露时，必须要保证信息的真实性，拒绝虚假记载及陈述；保证信息的准确性，不得夸大和误导；保证信息的完整性，做到文件齐备，格式符合规定；保证披露的及时性，不得超过规定期限；保证披露的公平性，不可以偏袒特定对象。上市公司要遵守信息披露的原则，保证公开、公平、公正。

14.2.1 真实性：拒绝虚假记载及陈述

根据《上市公司信息披露管理办法》的规定，真实性是指上市公司及相关信息披露义务人的信息应当以客观事实或者具有事实基础的判断和意见为依据，如实反映客观情况，不得有虚假记载或不实陈述。

《证券法》第七十八条第三款明确要求，"各种传播媒介传播证券市场信息必须真实、客观，禁止误导"。这就要求各类传播媒介在其业务活动中要充分尽到审核义务，对各类信息的真伪度进行辨别，保证经其传播的信息真实、完整、可靠，同时应该禁止一切形式的编造与误导。

14.2.2 准确性：不得夸大和误导

根据《上市公司信息披露管理办法》的规定，准确性是指上市公司及相关信息披露义务人披露的信息应当使用明确、贴切的语言和简明扼要、通俗易懂的文字，引用的财务报告、盈利预测报告应由具有证券期货相关业务资格的会计师事务所审计或审核，引用的数据应当提供资料来源，事实应充分、客观、公正，不得含有任何宣传、广告、恭维或者夸大等性质的词句，不得有误导性陈述。

公司披露预测性信息及其他涉及公司未来经营和财务状况等信息时，应当合理、谨慎、客观。

14.2.3　完整性：文件齐备，格式符合规定

根据《上市公司信息披露管理办法》的规定，完整性是指上市公司及相关信息披露义务人披露的信息应做到内容完整、文件齐备，格式符合规定要求，不得有重大遗漏、忽略和隐瞒。

14.2.4　及时性：不得超过规定期限

根据《上市公司信息披露管理办法》的规定，及时性是指上市公司及相关信息披露义务人应当在《上海证券交易所股票上市规则》规定的期限内披露所有对公司股票及其衍生品种交易价格可能产生较大影响的信息。

一是不能超过定期报告的法定期限；二是要建立重要事实的及时报告制度，当原有信息发生实质性变化时，信息披露的责任人应及时更改和补充，使投资者获得真实有效的信息。

信息披露的及时性直接影响公司的发展，披露如果不及时就会造成公司的信息不对称，从而影响公司的经营。

14.2.5　公平性：不可以偏袒特定对象

根据《上市公司信息披露管理办法》的规定，公平性是指上市公司及相关信息披露义务人应当同时向所有投资者公开披露重大信息，确保所有投资者可以平等地获取同一信息，不得私下提前向特定对象单独披露、透露或者泄露。

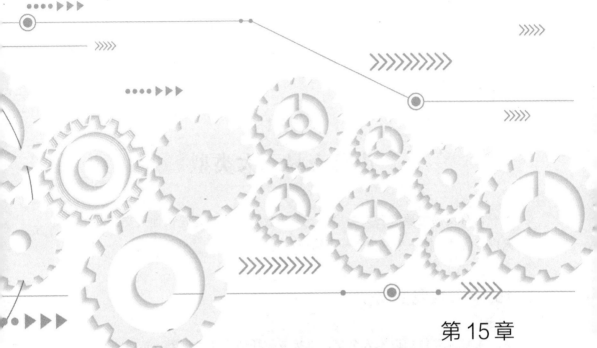

第15章
内幕交易防范和股权交易的限制性规定

内幕交易是指内幕人员根据内幕信息买卖证券或者帮助他人买卖证券，这违反了证券市场"公开、公平、公正"的原则，严重影响了证券市场的正常秩序。

内幕交易使证券价格和指数的形成过程失去了时效性和客观性，证券价格和指数成为少数人利用内幕信息炒作的结果，最终证券市场丧失优化资源配置及作为国民经济"晴雨表"的作用。因此，《证券法》第四十七条规定禁止这种行为，具体内容如下：

"上市公司董事、监事、高级管理人员、持有上市公司股权百分之五的股东，将其持有的该公司的股票在买入后六个月内卖出，或者在卖出后六个月内又买入，由此所得收益归该公司所有，公司董事会应当收回其所得收益。"

15.1 内幕交易三大类型

内幕交易主要有三大类型：一是自我交易，二是建议他人交易，三是泄露内幕信息。接下来具体看一下这三种交易。

15.1.1 自我交易

买卖证券包括以本人名义，直接或委托他人买卖证券，或者以他人名义买卖证券，或者为他人买卖证券。其中，以他人名义买卖证券较难认定，目前采用的标准是以资金来源和收益所得进行认定，即紧盯资金的来源与去向。

若提供证券或资金给他人购买证券，且他人所持有证券之利益或损失，全部或部分归属于本人，或对他人所持有的证券具有管理、使用和处分的权益，则属于以他人名义进行的买卖行为。

15.1.2 建议他人交易

建议他人交易是指向他人提出买卖相关证券的建议。建议方应为内幕人，被建议方应为非内幕人。行为方面，建议方并不是直接将内幕信息提供给他人，而是基于其掌握的内幕信息，建议他人从事证券交易。建议方起到鼓励、推动和指导的作用。

15.1.3　泄露内幕信息

泄露内幕信息包括以明示或暗示的方式向他人泄露内幕信息。这种类型的内幕交易的成立，不要求接受内幕信息的人知道或是接受掌握信息者的意思。只要掌握信息者将内幕信息泄露给他人，这就已经构成内幕交易。

这种认定方式对于界定内幕交易而言是十分便利的，但也存在一定的不足之处，例如，当接受内幕信息的人将内幕信息泄露给第三人，第三人也有可能继续将内幕信息透露给其他人甚至更多的人。

15.2 内幕交易者需要负法律责任

在证券交易的过程中，人们会碰到内幕交易这种破坏公平的行为，这种行为极大地损害了交易者的利益。

根据《证券法》的规定，内幕交易将根据不同的情节和危害后果承担不同的责任，包括刑事责任、行政责任和民事责任。

《关于审理证券行政处罚案件证据若干问题的座谈会纪要》认为，监管机构提供的证据能够证明以下情形之一，且被处罚人不能做出合理说明或者提供证据排除其存在利用内幕信息从事相关证券交易活动的，人民法院可以确认被诉处罚决定认定的内幕交易行为成立。

（1）《证券法》第七十四条规定的证券交易内幕信息知情人，进行了与该内幕信息有关的证券交易活动。

（2）《证券法》第七十四条规定的内幕信息知情人的配偶、父母、子女以及其他有密切关系的人，其证券交易活动与该内幕信息基本吻合。

（3）因履行工作职责知悉上述内幕信息并进行了与该信息有关的证券交易活动。

（4）非法获取内幕信息，并进行了与该内幕信息有关的证券交易活动。

（5）内幕信息公开前与内幕信息知情人或知晓该内幕信息的人联络、接触，其证券交易活动与内幕信息高度吻合。

15.2.1　刑事责任

在刑事责任上，主要有罚金和有期徒刑两种形式。

《证券法》第一百八十三条规定："内幕交易构成犯罪的，要追究刑事责任。"

《中华人民共和国刑法》第一百八十条规定："证券、期货交易内幕信息的知情人员或者非法获取证券、期货交易内幕信息的人员，在涉及证券的发行，证券、期货交易或者其他对证券、期货交易价格有重大影响的信息尚未公开前，买入或者卖出该证券，或者从事与该内幕信息有关的期货交易，或者泄露该信息，或者明示、暗示他人从事上述交易活动，情节严重的，处五年以下有期徒刑或者拘役，并处或者单处违法所得一倍以上五倍以下罚金。

情节特别严重的，处五年以上十年以下有期徒刑，并处违法所得一倍以上五倍以下罚金。单位犯前款罪的，对单位判处罚金，并对其直接负责的主管人员和其他直接责任人员，处五年以下有期徒刑或者拘役。"

15.2.2　行政责任

在行政责任上，《证券法》第一百八十三条规定："违反禁止内幕交易的，处以没收违法所得，并处以违法所得一倍以上十倍以下的罚款；证券监管机构工作人员违法进行内幕交易，对其处罚要加重。"

《证券市场禁入暂行规定》第四条至第十条规定了市场禁入者的认定。被认定为市场禁入者的人员，在3～5年内，甚至终身不得从事证券业务或担任公司高级管理人员。

15.2.3　民事责任

根据《证券法》的规定:"内幕交易行为给投资者造成损失的,行为人应当依法承担民事赔偿责任。"

在民事责任上,《证券法》相对于原来的《股票发行与交易管理暂行条例》而言,取消了追究民事责任的原则性规定。在具体行为中规定了造成损失的情况下必须承担民事赔偿责任。

15.3 短线交易限制的对象

短线交易是指上市公司的董事、高级管理人员、监事及大股东在法定时间内对公司的股票进行买进或卖出的行为。

15.3.1　上市公司董事、监事、高级管理人员

《股票发行与交易管理暂行条例》中对短线交易行为已有所规定。《股票发行与交易管理暂行条例》第三十八条规定:"股份有限公司的董事、监事、高级管理人员和持有公司5%以上有表决权的法人股东,将其所持有的公司股票在买入后6个月内卖出或卖出后6个月内买入,由此获得的利润归公司所有。"

该条款对短线交易限制的对象表述得非常清楚、明确,即短线交易限制的对象为上市公司"董事、监事、高级管理人员、持有公司5%以上有表决权的法人股东"。

15.3.2 持有上市公司5%以上股权的股东

根据《证券法》的规定，持有上市公司5%以上股份的股东、董事、监事、高级管理人员，将其持有的股份在买入后六个月内卖出，或者在卖出后六个月内买入，由此所得收益归该公司所有，董事会应当收回其所得收益。

此外，《证券法》还规定，董事会不按规定执行，致使公司遭受损害的，股东有权向人民法院提起诉讼，负有责任的董事也应当依法承担连带责任。

《证券法》将短线交易的对象限制为持股5%以上的股东、董事、监事、高级管理人员，并对相关责任进行了规定，这是比较妥当的，可以避免在实践中产生负面作用和造成不良影响。

15.4 短线交易限制的时间

通过前文可以知道，《股票发行与交易管理暂行条例》和《证券法》中都出现了"买入后六个月内卖出，卖出后六个月内买入"等相关描述。其实这里的六个月就是短线交易限制的时间，本节就对此进行详细介绍。

15.4.1 买入后6个月内卖出

现行《证券法》加入了公司归入权制度，规定公司经营者、高级管理人员及持股5%以上的股东等，在股票出现价格异常状况的6个月之内所买卖自身股票的利益归公司所有，并且应当承担连带责任。

以前没有此项制度的时候，公司经营者凭借对公司经营过程的了解，可以在股票市场中赚取差价，从而获取不正当利益，这对于股东来说相当不公平，甚至损害了股东的权益。

此项制度的实施，使股东有权要求董事会调查清楚价格出现异常等情况，并且董事会应当在 30 天内执行这项要求。现在如果再出现赚取差价，获取不正当利益的情况，有可能因为出现短线交易而受到相应的惩罚。例如，某公司高级管理人员利用自己对公司的了解，将股票在买入后 6 个月内又将其卖出，他在中间赚取了大量的差价。这就构成了短线交易，需要负法律责任。

15.4.2 卖出后6个月内又买入

前文所称"买入"和"卖出"主要包括证券交易所的证券交易、协议转让、股权激励行权等行为。例如，2019 年 10 月 26 日，某公司的副总经理王平通过股权激励行权的行为，卖出 78 000 股股票；但是在同年的 12 月 30 日，他又买入 32 000 股股票（新增＋存量无限售流通股），此举就构成了短线交易。

按照相关法律规定，短线交易是有时间限制的，即不能在六个月内将股票（股份）买入又卖出，或者卖出又买入，否则就会承担相应的法律责任。

15.5 敏感期交易的相关规定

敏感期交易是指控股股东及实际控制人、董监高等主体，在敏感信息披露前后的一段时间内，买卖公司股票的行为。由于敏感期通常被称为"窗口期"，因此敏感期交易通常也被称为"窗口期交易"。

15.5.1 时间范围

在相关法律规定中，敏感期通常是指下列日期（因适用对象、板块等不同，

略有不同）：

（1）上市公司定期报告公告前30日内。

（2）上市公司业绩预告、业绩快报公告前10日内。

（3）自可能对股票及其衍生品种价格产生较大影响的重大事件发生之日或进入决策程序之日，至依法披露后2个交易日内。

（4）其他情形。

15.5.2 适用对象

敏感期交易的适用对象通常为上市公司董监高及控股股东、实际控制人，而且上市公司通过集中竞价交易回购自身股票时也应该遵守敏感期交易限制。另外，因板块不同，敏感期交易的适用对象也略有不同，主要体现在以下3个方面。

（1）根据《深圳证券交易所主板上市公司规范运作指引》《深圳证券交易所中小板上市公司规范运作指引》《深圳证券交易所创业板上市公司规范运作指引》，上市公司董监高除遵守《上市公司董事、监事和高级管理人员所持本公司股份及其变动管理规则》外，上市公司董监高的配偶、上市公司证券事务代表及其配偶均需要遵守敏感期交易规定。上海证券交易所无此要求。

（2）根据《深圳证券交易所主板上市公司规范运作指引》第4.2.22条、《深圳证券交易所中小板上市公司规范运作指引》第4.2.32条、《深圳证券交易所创业板上市公司规范运作指引》第4.2.19条，控股股东、实际控制人为自然人的，其配偶、未成年子女应当适用敏感期交易限制。上海证券交易所无此要求。

（3）《深圳证券交易所中小板上市公司规范运作指引》第4.2.32条、《深圳证券交易所创业板上市公司规范运作指引》第4.2.19条同时规定了"控股股东、实际控制人之间或间接控制的法人、非法人组织"也应当适用敏感期交易限制。

15.5.3 认定标准

对于敏感期交易，最应该了解的就是认定标准。一般来说，不同的适用对象需要遵守不同的认定标准，具体如下所述。

一、董监高敏感期交易认定

1. 一般认定标准

根据证监会《上市公司董事、监事和高级管理人员所持本公司股份及其变动管理规则》第十三条规定，上市公司董事、监事和高级管理人员在下列期间不得买卖本公司股票：

（1）上市公司定期报告公告前30日内。

（2）上市公司业绩预告、业绩快报公告前10日内。

（3）自可能对本公司股票交易价格产生重大影响的重大事项发生之日或在决策过程中，至依法披露后2个交易日内。

（4）证券交易所规定的其他期间。

上述规定应该视为有关上市公司董监高敏感期交易的一般规定，但深圳证券交易所、上海证券交易所的具体规定并不相同。

2. 特殊认定标准

（1）根据深圳证券交易所三个板块的《上市公司规范运作指引》，董监高敏感期交易的适用对象扩大至"董监高、证券事务代表及前述人员的配偶"。

（2）对于上市公司定期报告敏感期，深圳证券交易所规定得更为细致，且不同板块也有所不同。具体体现在下列规定中：

主板上市公司董监高在下列期间内不得买卖本公司股票："公司定期报告公告前三十日内，因特殊原因推迟年度报告、半年度报告公告日期的，自原预约公告日前三十日起算，至公告前一日。"（《深圳证券交易所主板上市公司规范运作指引》第3.8.15条）。

中小板、创业板上市公司董监高在下列期间内不得买卖本公司股票："公司定期报告公告前三十日内，因特殊原因推迟定期报告公告日期的，自原预约公告日前三十日起算，至公告前一日。"（《深圳证券交易所中小板上市公司

规范运作指引》第3.8.17条、《深圳证券交易所创业板上市公司规范运作指引》第3.8.17条)。

二、控股股东、实际控制人敏感期交易认定

对于控股股东、实际控制人敏感期交易的认定,上海证券交易所和深圳证券交易所有较大的不同,具体如表15-2所示。

表15-2 上海证券交易所和深圳证券交易所的对比

上海证券交易所的认定标准	深圳证券交易所的认定标准
根据《上海证券交易所上市公司控股股东、实际控制人行为指引》第4.5条规定,控股股东、实际控制人在下列情形下不得增持上市公司股份: (1)上市公司定期报告披露前10日内。 (2)上市公司业绩快报、业绩预告披露前10日内。 (3)控股股东、实际控制人通过证券交易所证券交易,在权益变动报告、公告期限内和报告、公告后2日内。 (4)自知悉可能对上市公司股票交易价格产生重大影响的事件发生或在决策过程中,至该事件依法披露后2个交易日内。 (5)控股股东、实际控制人承诺一定期限内不买卖上市公司股份且在该期限内。 (6)《证券法》第47条规定的情形。 (7)相关法律法规和规范性文件规定的其他情形。 此外,第4.7条规定:"控股股东、实际控制人在上市公司年报、中期报告公告前30内不得转让解除限售存量股份。" 根据《上海证券交易所上市公司股东及其一致行动人增持股份行为指引》第九条规定,持股30%的股东及其一致行动人在下列期间不得增持上市公司股份: (1)上市公司定期报告公告前10日内;上市公司因特殊原因推迟定期报告公告日期的,则自原预约公告日期前10日起至定期报告实际公告之日期间。 (2)上市公司业绩预告、业绩快报公告前10日内。 (3)自可能对上市公司股票交易价格产生重大影响的重大事项发生之日或在决策过程中,至依法披露后2个交易日内。 (4)本所规定的其他期间。 因此,根据前述规定,除对于实际控制人、控股股东,上海证券交易所对于30%以上股东及其一致行动人的敏感期交易也做出了类似的规定,且限制交易的类型只规定了不得增持,未规定减持情形	根据《深圳证券交易所主板上市公司规范运作指引》第4.2.21条、《深圳证券交易所中小板上市公司规范运作指引》第4.2.21条,以及《深圳证券交易所创业板上市公司规范运作指引》第4.2.18条规定,控股股东、实际控制人在下列期间不得买卖上市公司股份: (1)公司年度报告公告前30日内,因特殊原因推迟年度报告公告日期的,自原预约公告日前30日起算,直至公告前1日。 (2)公司业绩预告、业绩快报公告前10日内。 (3)自可能对公司股票及其衍生品种交易价格产生较大影响的重大事件发生之日或者进入决策程序之日,至依法披露后2个交易日内。 (4)中国证监会及本所规定的其他期间。 另外,需要特别关注,对于主板上市公司,前述认定标准的适用范围扩展至"控股股东、实际控制人及其配偶、未成年子女";对于中小板、创业板的上市公司,前述认定标准的适用范围扩展至"控股股东、实际控制人及其配偶、未成年子女,以及控股股东、实际控制人直接或间接控制的法人、非法人组织。"

通过表 15-2 可以知道，上海证券交易所和深圳证券交易所关于控股股东及实际控制人敏感期交易认定的区别主要有以下 3 个内容。

（1）对于定期报告的敏感期，上海证券交易所强调的是"定期报告披露前 10 日内"；而深圳证券交易所的为"年度报告公告前 30 日内"，二者不仅时间上不一致，而且深圳证券交易所强调的仅是年度报告，并非所有的定期报告。

（2）上海证券交易所敏感期交易的限制仅限于"增持"，并未提及减持；而深圳证券交易所强调的是"买卖"，既包括增持也包括减持。

（3）上海证券交易所对于持股 30% 以上股东及其一致行动人也约定了与实际控制人、控股股东类似的敏感期交易限制，而深圳证券交易所未对此做出规定。

三、上市公司以集中竞价方式回购股份的敏感期认定

根据《关于上市公司以集中竞价交易方式回购股份的补充规定》，上市公司在下列期间不得回购股份：

（1）上市公司定期报告或业绩快报公告前 10 个交易日内。

（2）自可能对本公司股票交易价格产生重大影响的重大事项发生之日或者在决策过程中，至依法披露后 2 个交易日内。

（3）中国证监会规定的其他情形。

此外，上市公司也不得在以下交易时间进行股份回购的委托：

（1）开盘集合竞价。

（2）收盘前半小时内。

（3）股票价格无涨跌幅限制。

四、关于敏感期中的"重大事件"的认定

在有关于敏感期的各项规定中，关于"重大事件"的敏感期规定为"自可能对公司股票及其衍生品种交易价格产生较大影响的重大事件发生之日或者进入决策程序之日，至依法披露后 2 个交易日内"，该"重大事件"应该是指《证券法》第八十条规定的如下重大事件：

（1）公司的经营方针和经营范围发生的重大变化；

（2）公司的重大投资行为，以及公司在一年内购买、出售重大资产超过

公司资产总额百分之三十，或者公司营业用主要资产的抵押、质押、出售或者报废一次超过该资产的百分之三十；

（3）公司订立的重大合同、提供重大担保或者从事关联交易，可能对公司的资产、负债、权益和经营成果产生重大影响；

（4）公司发生重大债务和未能清偿到期重大债务的违约情况；

（5）公司发生重大亏损或者重大损失；

（6）公司生产经营的外部条件发生的重大变化；

（7）公司的董事、三分之一以上监事或者经理发生变动，董事长或者经理无法履行职责；

（8）持有公司百分之五以上股份的股东或者实际控制人持有股份或者控制公司的情况发生较大变化，公司的实际控制人及其控制的其他企业从事与公司相同或者相似业务的情况发生较大变化；

（9）公司分配股利、增资的计划，公司股权结构的重要变化，公司减资、合并、分立、解散及申请破产的决定，或者依法进入破产程序、被责令关闭；

（10）涉及公司的重大诉讼、仲裁，股东大会、董事会决议被依法撤销或者宣告无效；

（11）公司涉嫌犯罪被依法立案调查，公司的控股股东、实际控制人、董事、监事、高级管理人员涉嫌犯罪被依法采取强制措施；

（12）国务院证券监督管理机构规定的其他事项。

15.5.4　豁免情形（救市政策）

与上述几项规定一样，豁免情形（救市政策）也随着适用对象的不同而有些许变化，具体如下所述。

1. 董监高敏感期交易的豁免情形（救市政策）

根据证监会《关于上市公司大股东及董事、监事、高级管理人员增持本公司股票相关事项的通知》的规定，在同时符合下列条件的情况下，上市公司董事、监事、高级管理人员可以不适用敏感期交易限制。

（1）股票价格连续 10 个交易日内累计跌幅超过 30%。

（2）增持本公司股票。

（3）承诺未来 6 个月内不减持本公司股票。

对于在深圳证券交易所上市的公司，前述适用人员仍然扩展至"董监高、证券事务代表及前述人员的配偶"。

2.控股股东、实际控制人敏感期交易豁免情形（救市政策）

深圳证券交易所《关于上市公司大股东及董事、监事、高级管理人员增持本公司股票相关事项的通知》、上海证券交易所《关于沪市上市公司股东及其一致行动人、董事、监事和高级管理人员增持本公司股票相关事项的通知》规定：

在同时符合下列条件的情况下，上市公司控股股东、实际控制人可以不适用敏感期交易限制：

（1）股票价格连续 10 个交易日内累计跌幅超过 30%。

（2）增持本公司股票。

（3）承诺未来 6 个月内不减持本公司股票。

但需要注意的是，上海证券交易所关于此豁免规定的具体适用主体为"公司持股 30% 以上的股东、控股股东及其一致行动人"；而深圳证券交易所的具体适用主体为"上市公司控股股东、实际控制人及其配偶"。

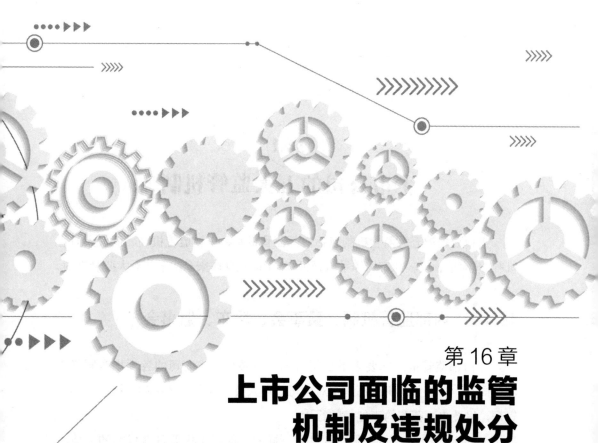

第16章
上市公司面临的监管机制及违规处分

公司发展到一定规模后,需要将上市落实到战略层面,以指导自身不断进步和壮大。上市不仅可以给公司带来生机和活力,还是提升公司竞争力和知名度的关键力量。然而,当公司正式上市以后,虽然可以带来这些益处,却不得不面临监管机制及违规处分。

16.1 上市公司的五大监管机制

上市公司的五大监管机制包括内部监管机制、审计监管机制、债权人监管机制、政府监管机制和市场体系监管机制。下面就具体来介绍下此五大监管机制。

16.1.1 内部监管机制：董事会、股东、监事会

在内部监管机制的要求下公司内部人员必须遵守公司的各项规章制度。与此同时，内部监管机制还规定对公司管理人员的提名、选举和维持进行细致管理，以此来规范和约束他们的行为。

上市公司的董事和一般的董事是不同的，前者不仅要具有优秀的品质，讲诚信、做事合规，能够促进公司健康发展，还要有专业的管理素养，能够胜任管理职位。

如何确认上市公司的董事具有足够的能力和素质？当然不能像对待其他管理人员那样运用简单地审核和批准方法，而是要对其进行公平的资质认定。这样不仅有利于公司维持较高的董事管理水平，也能展现出公司对董事的监管。

董事主导型公司监管有两个重要支撑，分别是独立董事和执行董事。在上市公司中，独立董事有着极其重要的监管作用，可以使公司的监管得到进一步加强。

从监管实践出发，需要重点从以下几个方面入手强化独立董事的作用。

（1）要从监管上确保独立董事的知情权。首先要从程序和内容上保证独

立董事知晓公司章程和专项规定。同时，独立董事要以身作则，充分发挥自己的作用。

（2）独立董事可以决策公司的重大事项，尤其是对于那些需要独立发表意见的重大事项，公司必须详细地记录并予以公开。

（3）独立董事必须在董事会中发挥具体作用，具体来讲，就是要通过公司建立审计委员会、薪酬委员会、风险控制委员会等，让这些部门相互制衡，以此来达到监管的目的。

除了独立董事以外，执行董事也是董事主导型公司治理的重要依据，所以必须要明确执行董事的内部义务。

首先，诚信对待每一位股东，当然也包括独立董事和外部董事；其次，确保公司内部重大决策内容真实、准确、公开地让其他人员知晓；最后，必须建立完善的内部监管程序，主动履行各项职责。

上市公司中还涉及外部董事。外部董事多数是大股东或实际控制人兼职，少数是由股东或实际控制人操纵的人员担任。董事比例通常有着严格的规定，因此公司需要对外部董事的数量进行控制。在行为上，公司要让这些外部董事明确自己应尽的责任和义务，同时还要强化其诚信意识，培养其按照规定做事的习惯。

上市公司的所有者是股东，为了充分保护股东的利益，《公司法》对其权利进行了规定，具体内容如下所述。

（1）股东有对其资产进行分配管理的权利，即股东参加股东大会，对公司经营方法和投资计划、公司合并或者扩张、资产估计、债券发行，以及规章制度的修改等有最终的决定权。

（2）股东有权对其资产进行监管，有权对董事会的代理人、董事的行为进行监督约束。在每年股东大会上，股东审议批准董事会报告，若董事任期满则进行换届投票选举，若董事会、董事违法，侵害股东利益，股东有权提出控诉并请求赔偿。

（3）股东行使对监事会、监事的监督约束。这体现在每年在股东大会上审议批准监事会报告，每3年任期届满时换届投票选举监事等方面。

（4）股东对经营者的监督约束体现在股东可以随时查阅公司章程、股东

大会会议记录和财务报告，对公司经营提出建议或者质询，对经营者违法或损害自身利益行为提请诉讼和请求赔偿等。

（5）股东"用脚投票"的监督约束表现在当股东对公司经营不满或对某些负责人不满时，通过抛售股票来对公司进行监督约束。

由于绝大多数股东主动放弃监督权，公司实权往往落入董事会手中，股东大会常以承认或通过董事会提案而告终。这样董事、经理就有可能合谋，从而对股东、公司产生不利影响，具体行为包括贪污、滥用权力、欺骗广大股东、损害广大股东和公司利益。为此，公司内部设立了监事会，专门对董事会、董事、经理进行监督约束。

根据《公司法》，监事会可以行使以下权利。

（1）监督董事、经理及其所属机构活动，定期和随时听取董事会的报告，阻止董事、经理人员违反法律、法规、公司章程及股东会决议，当董事、经理行为损害公司利益时，要求其予以纠正。

（2）监事会有权审核公司业务、财务状况，核查公司账目和其他会计资料，有权要求执行公司业务的董事、经理如实汇报公司的情况。

（3）监事会有权审核公司的决算表册和清算表册，核对董事会拟提交股东会的报告、利润分配等财务资料，出现问题可以以公司名义委托注册会计师、执业审计师进行复审。

（4）代表公司与董事、经理交涉或对其起诉。

由于监事会成员不参与公司重大决策，这可能导致公司出现很多的财务问题及其他大问题。因信息的缺失和专业知识的缺乏，可能导致公司难以得到有效监督。监事会成员与董事会经理层长期共处，容易形成同谋，导致公司利益受损。因此，监事会的监督约束也通常没有效力。

16.1.2 审计监管机制：有效防止合谋与作弊

审计监管机制是防止上市公司内部人员合伙转移财产或者会计作弊的一种手段。中介服务机构必须通过监管提升上市公司的审计监管机制，不断强化功能。

在具体操作时，应该重点注意以下几个方面。

1. 进一步发挥审计机构作用

审计机构在上市公司中发挥着重大作用,能够支撑上市公司信用,是上市公司合规和风险的核心。

我国证券市场审计机构的功能越来越重要,监管机构依靠独立审计,能在更大范围内发挥作用,防止出现合谋和作弊现象。例如,对"问题"上市公司,要求审计机构对公司管理内容进行专门的财务相关审查,并发表具体的审计核查专项意见。

2. 对上市公司法律顾问提出监管要求

现实中法律顾问的角色比较尴尬,有的甚至形同虚设。同时,他们通常忽视对监管功能的中介维护,有的还与他人合谋损害公司的利益。因此,应当审核上市公司法律顾问在合规方面的执业监管要求是否合格,这也能体现其独立的专业地位。

3. 对财务顾问、价值评估机构的行为进行监督和评估

财务顾问、价值评估机构作为我国证券市场的关键部分,发挥着重大作用。要让中介机构和市场发挥好各自的作用,强化各自的责任,就要让其对公司的事故承担相对应的责任。

审计机构要确保审计结果的公平性和真实性,就必须有一个完整的约束审计人员的相关机制,以防止审计人员与上市公司经营者合谋损害公司利益。

首先,要使会计师事务所、审计师事务所独立经营。其次,审计机构与公司合谋要承担法律责任,包括审计人员必须对经其审核并确认的财务状况出现的问题承担连带责任,并受到相对应的处罚,严重者还要承担刑事责任。

16.1.3 债权人监管机制:以债权人为主体

债权人监管机制是为了防止出现内部人员合伙或以其他方式使债权人利益受损的行为发生。上市公司的债权人可以行使监督职能,对公司进行监督约束。

（1）债权人可以对涉及公司财产变动如合并、分立、减资的重大行为提出异议，债权人必须按规定履行保护手续，否则不得实施相关行为。对已经实施的行为，债权人有权提起诉讼，请求法院予以撤销。

（2）债权人可以翻看董事会的记录材料，可以查阅公司的财务报表及其附属资料，并有权要求公司按照法律规定真实、及时、准确地说明有关公司的内部情况。

（3）发债公司必须按照国家要求进行法定的资信评估，并且要公开信息，以便让债权人充分了解情况。国家建立债券市场，不仅让公司感受到债券市场带来的约束压力，而且也让债权人有机会转移风险，并且为变现创造条件。

（4）对于严重亏损及资产不能抵偿债务的公司，债权人有权提出申请破产或破产保护。

在建立债权人监管机制时，应该以债权人为主体，合理保护债权人的利益，赋予债权人应有的权利。同时，也不可以太过死板，而是要符合上市公司和债权人的实际情况。

16.1.4 政府监管机制：检察院、法院等

政府监管机制的功能是规范上市公司的运行。通过信息公开制度和审计制度的不断改善，可以提高上市公司经营管理的透明度。但是上市公司只有与政府监督执法机构相结合，才能实现行之有效的监督和管理。

只有建立一个对上市公司负责人进行监督的完整体系，对查处的内部人员进行民事或刑事处罚，才能真正有效地防止上市公司内部出现腐败现象。

建立行之有效的政府监管机制具体要在以下3方面着力。

（1）政府需要有解决公司内部问题的法律法规，以保证上市公司的行为规范以及证券市场的合理运作。上市公司需要明确什么事情可以做，什么事情不可以做。通常,政府的监督执法力度越大，上市公司和证券市场的发展就越好。

（2）政府要对证券市场中的交易所、经营机构、从业人员、管理人员、信息披露、交易行为等进行监督约束。

（3）政府要对和上市公司有关联的中介机构，如律师事务所、审计师事

务所、资产评估机构等进行监督，约束其行为。

上市公司必须在政府的监督约束下经营和发展，这不仅符合相关的法律规定，也是在激烈竞争中生存下来的重要策略。当然，政府也要加强自身的监督执法能力，以维护整个整个证券市场的公平、安全。

16.1.5 市场体系监管机制：商品、证券、经理

市场体系监管机制主要是对上市公司各利益主体（尤其是董事、经理）形成竞争压力约束，包括商品市场约束、证券市场约束、经理市场约束。

1. 商品市场约束

通过市场的监督可以规范投资者、债权人和经营者的行为。

（1）在公平的市场竞争条件下，利润率被当作考核和监督公司经营的一种信息指标。通过比较平均利润或平均成本与实际利润水平或实际成本水平的差距，可以看出公司的经营状况和盈利能力。

（2）在公平的市场竞争条件下，公司高层以利润率的高低为依据对经理人员进行奖励或惩罚，可以使经营者与所有者的利益达成一致，这有利于商品市场约束的不断增强。

2. 证券市场约束

证券市场可以约束和制裁证券发行以及股票交易中出现的欺诈、虚假交易等行为。经营者的收购兼并活动可以通过证券市场来约束。

公司业绩差，股票的价格会走低，外来股东可以以较低的成本大量购入，实现控股，从而以控股股东的身份将原来的董事和经理人员替换掉，以方便控制董事会。

对使用股票、股票期权计算报酬的经营管理人员，可以通过证券市场进行约束。例如，可以付给经营管理人员少量的现金工资和大量的股票或股票期权，将其个人利益与公司的市场表现紧密联系起来。股票的价格低就会导致经营管理人员的收入降低，股票的价格上升，经营管理人员的收入也会随之增加，

这样可以督促经营管理人员努力提高自身管理水平。

股东可以对公司经营管理人员的管理行为进行约束，假如公司效益无法得到改善，股东便会向经营管理人员发出警告，并在必要时对其进行撤换。

另外，假如股东撤离，可能会对公司造成严重的后果。如果股东在市场上抛售股票，可能会让公司丧失大笔业务，并且影响股票的价格，进而使经营管理人员面临巨大的压力。在这种情况下，经营管理人员必须为了维护自己和公司的利益而更勤奋地工作。

3. 经理市场约束

在经理市场完善的条件下，经理人员绩效的高低将影响其经营管理能力的价值。

经理市场或者说代理人市场，实际上是通过竞争进行选聘的机制。一个良好、经营完善的经理市场，不仅加快了经理人员的流动，也对在职经理人员造成了一种压力。这种压力迫使经理人员努力做好公司的经营管理，否则就会被其他经理人员所取代。

加强对上市公司的监督和规范上市公司的行为，已经成为当下不可回避的重要社会问题。如果想解决这个问题，除了需要完善市场体系以外，还需要集结上市公司、审计机构、政府等多方的力量，形成和谐共赢、互帮互助的良好局面。

16.2 上市公司面临的违规处分

上市公司如果违规就会遭受违规处分，包括风险警示、纪律处分、停牌和复牌以及暂停、恢复、终止和重新上市、申请复核等。无论是哪一种违规处分，都会对上市公司造成严重的损害，所以一定要避免这种情况的发生。

16.2.1 风险警示

一般来说，上市公司如果出现财务问题或者其他异常情况，很可能会面临被终止上市的风险。此外，如果投资者难以判断上市公司的前景，并且无法保证自己的利益不受到损害，证券交易所也会对该上市公司发出风险警示。

一旦上市公司被实施风险警示，其股票简称前就会加上"ST"字样，以区别于其他上市公司的股票。风险警示一共有两种：一种是终止上市的风险警示，即退市风险警示；另一种是重大不良行为的其他风险警示。

通常，证券交易所会明确不同风险警示的判断标准，以上海证券交易所为例。通过《上海证券交易所股票上市规则》可以知道，上市公司出现以下情形之一的，上海证券交易所就会对其股票实施退市风险警示：

（一）最近两个会计年度经审计的净利润连续为负值或者被追溯重述后连续为负值；

（二）最近一个会计年度经审计的期末净资产为负值或者被追溯重述后为负值；

（三）最近一个会计年度经审计的营业收入低于1 000万元或者被追溯重述后低于1 000万元；

（四）最近一个会计年度的财务会计报告被会计师事务所出具无法表示意见或者否定意见的审计报告；

（五）因财务会计报告存在重大会计差错或者虚假记载，被中国证监会责令改正但未在规定期限内改正，且公司股票已停牌两个月；

（六）未在法定期限内披露年度报告或者中期报告，且公司股票已停牌两个月；

（七）因第12.14条① 股权分布不具备上市条件，公司在规定的一个月内

---

① 《上海证券交易所股票上市规则》第12.14条规定：上市公司因股权分布发生变化导致连续二十个交易日不具备上市条件的，本所将于前述交易日届满的下一交易日对公司股票及其衍生品种实施停牌。公司在停牌后一个月内向本所提交解决股权分布问题的方案。本所同意其实施解决股权分布问题的方案的，公司应当公告本所决定并提示相关风险。自公告披露日的下一交易日起，公司股票及其衍生品种复牌并被本所实施退市风险警示。

向本所提交解决股权分布问题的方案，并获得本所同意；

（八）因首次公开发行股票申请或者披露文件存在虚假记载、误导性陈述或者重大遗漏，致使不符合发行条件的发行人骗取了发行核准，或者对新股发行定价产生了实质性影响，受到中国证监会行政处罚，或者因涉嫌欺诈发行罪被依法移送公安机关（以下简称"欺诈发行"）；

（九）因信息披露文件存在虚假记载、误导性陈述或者重大遗漏，受到中国证监会行政处罚，并且因违法行为性质恶劣、情节严重、市场影响重大，在行政处罚决定书中被认定构成重大违法行为，或者因涉嫌违规披露、不披露重要信息罪被依法移送公安机关（以下简称"重大信息披露违法"）；

（十）公司可能被依法强制解散；

（十一）法院依法受理公司重整、和解或者破产清算申请；

（十二）本所认定的其他情形。

此外，《上海证券交易所股票上市规则》还对实施其他风险警示的情形做出了明确规定，具体内容如下：

（一）被暂停上市的公司股票恢复上市后或者被终止上市的公司股票重新上市后，公司尚未发布首份年度报告；

（二）生产经营活动受到严重影响且预计在三个月内不能恢复正常；

（三）主要银行账号被冻结；

（四）董事会会议无法正常召开并形成决议；

（五）公司被控股股东及其关联方非经营性占用资金或违反规定决策程序对外提供担保，情形严重的；

（六）中国证监会或本所认定的其他情形。

在风险警示方面，虽然其他证券交易所与上海证券交易所会有些许区别，但大体上都比较相似。为了防止被实施风险警示，上市公司应该充分了解其所属证券交易所的相关规定。

16.2.2 纪律处分

如果上市公司出现违规行为,证券交易所可以对其实施自律监管措施以及纪律处分。例如,《上海证券交易所股票上市规则》中就有相关的规定,具体内容如下所述。

上市公司、相关信息披露义务人和其他责任人违反本规则或者向本所作出的承诺,本所可以视情节轻重给予以下惩戒:

(一)通报批评;

(二)公开谴责。

上市公司董事、监事、高级管理人员违反本规则或者向本所作出的承诺,本所可以视情节轻重给予以下惩戒:

(一)通报批评;

(二)公开谴责;

(三)公开认定其三年以上不适合担任上市公司董事、监事、高级管理人员。

以上第(二)项、第(三)项惩戒可以一并实施。

上市公司董事会秘书违反本规则,本所可以视情节轻重给予以下惩戒:

(一)通报批评;

(二)公开谴责;

(三)公开认定其不适合担任上市公司董事会秘书。

以上第(二)项、第(三)项惩戒可以一并实施。

保荐人和保荐代表人、证券服务机构及相关人员违反本规则,本所可以视情节轻重给予以下惩戒:

(一)通报批评;

(二)公开谴责。

情节严重的,本所依法报中国证监会查处。

管理人和管理人成员违反本规则规定,本所可以视情节轻重给予以下惩戒:

(一)通报批评;

（二）公开谴责；

（三）建议法院更换管理人或管理人成员。

以上第（二）项、第（三）项惩戒可以一并实施。

总而言之，无论是董事、监事、高级管理人员还是证券服务机构，只要违反了证券交易所的规则，就要受到相应的惩戒。一旦受到惩戒，上市公司的信誉和形象就会受损，进而对上市公司的未来发展产生不良影响。

16.2.3 停牌和复牌

停牌是指暂时停止股票买卖。如果上市公司因一些消息或正在进行的某些活动而使股票的价格大幅度上涨或下跌，该上市公司就可能会被停牌。等到情况得到澄清或股票价格恢复正常后，该上市公司可以再次挂牌交易，即所谓的复牌。

对于停牌，每个证券交易所都有相关的规定。例如，深圳证券交易所就规定了需要停牌的情形，比较重要的有以下几种。

（1）上市公司预计应披露的重大信息在披露前已难以保密或者已经泄露，可能已经对公司股票及其衍生品种的交易价格产生较大影响。

（2）上市公司进行重大资产重组。

（3）上市公司财务会计报告被出具非标准无保留审计意见，且审计意见所涉及事项明显违反会计准则、制度及相关信息披露规范。

（4）上市公司未在期限内披露季度报告。

（5）上市公司的定期报告或者临时报告披露不够充分、完整或者可能误导投资者，但拒不按要求就有关内容进行解释或者补充披露。

对于复牌，各大证券交易所也会做出规定，但通常是根据上市公司停牌的原因和严重程度而定。当然，只要上市公司及时改正违规行为，并让股票价格回归正常状态，那被复牌的可能性就比较大。

16.2.4 暂停、恢复、终止和重新上市

暂停、恢复、终止和重新上市也是对上市公司做出的违规处分之一，下面以《深圳证券交易所股票上市规则》为例对此违规处分进行详细说明。

1. 暂停上市

根据《深圳证券交易所股票上市规则》的规定，上市公司出现下列情形之一的，深圳证券交易所有权决定暂停其股票上市交易：

（一）因净利润触及本规则第 13.2.1 条[①]第（一）项规定情形其股票交易被实行退市风险警示后，首个会计年度经审计的净利润继续为负值；

（二）因净资产触及本规则第 13.2.1 条第（二）项规定情形其股票交易被实行退市风险警示后，首个会计年度经审计的期末净资产继续为负值；

---

① 《深圳证券交易所股票上市规则》第 13.2.1 条规定：上市公司出现下列情形之一的，本所有权对其股票交易实行退市风险警示：

（一）最近两个会计年度经审计的净利润连续为负值或者因追溯重述导致最近两个会计年度净利润连续为负值；

（二）最近一个会计年度经审计的期末净资产为负值或者因追溯重述导致最近一个会计年度期末净资产为负值；

（三）最近一个会计年度经审计的营业收入低于 1 000 万元或者因追溯重述导致最近一个会计年度营业收入低于 1 000 万元；

（四）最近一个会计年度的财务会计报告被出具无法表示意见或者否定意见的审计报告；

（五）因财务会计报告存在重大会计差错或者虚假记载，被中国证监会责令改正但未在规定期限内改正，且公司股票已停牌两个月；

（六）未在法定期限内披露年度报告或者半年度报告，且公司股票已停牌两个月；

（七）构成欺诈发行强制退市情形；

（八）构成重大信息披露违法等强制退市情形；

（九）构成五大安全领域的重大违法强制退市情形；

（十）出现本规则第 12.11 条、第 12.12 条规定的股权分布不再具备上市条件的情形，公司披露的解决方案存在重大不确定性，或者在规定期限内未披露解决方案，或者在披露可行的解决方案后一个月内未实施完成；

（十一）法院依法受理公司重整、和解或者破产清算申请；

（十二）出现可能导致公司被依法强制解散的情形；

（十三）本所认定的其他存在退市风险的情形。

（三）因营业收入触及本规则第13.2.1条第（三）项规定情形其股票交易被实行退市风险警示后，首个会计年度经审计的营业收入继续低于1 000万元；

（四）因审计意见类型触及本规则第13.2.1条第（四）项规定情形其股票交易被实行退市风险警示后，首个会计年度的财务会计报告继续被出具无法表示意见或者否定意见的审计报告；

（五）因未在规定期限内改正财务会计报告触及本规则第13.2.1条第（五）项规定情形其股票交易被实行退市风险警示后，在两个月内仍未按要求改正其财务会计报告；

（六）因未在法定期限内披露年度报告或者半年度报告触及本规则第13.2.1条第（六）项规定情形其股票交易被实行退市风险警示后，在两个月内仍未披露年度报告或者半年度报告；

（七）因触及本规则第13.2.1条第（七）项规定情形，其股票交易被实行退市风险警示的三十个交易日期限届满；

（八）因触及本规则第13.2.1条第（八）项、第（九）项规定情形，其股票交易被实行退市风险警示的三十个交易日期限届满；

（九）因股权分布不再具备上市条件触及本规则第13.2.1条第（十）项规定情形其股票交易被实行退市风险警示后，在六个月内其股权分布仍不具备上市条件；

（十）公司股本总额发生变化不再具备上市条件；

（十一）本所规定的其他情形。

2. 恢复上市

根据《深圳证券交易所股票上市规则》的规定，上市公司符合下列条件的，可以在披露年度报告后的五个交易日内向深圳证券交易所提出恢复上市的书面申请：

（一）最近一个会计年度经审计的净利润及扣除非经常性损益后的净利润均为正值；

（二）最近一个会计年度经审计的期末净资产为正值；

（三）最近一个会计年度经审计的营业收入不低于1 000万元；

（四）最近一个会计年度的财务会计报告未被出具保留意见、无法表示意见或者否定意见的审计报告；

（五）具备持续经营能力；

（六）具备健全的公司治理结构和内部控制制度且运作规范，财务会计报告无虚假记载；

（七）不存在本规则规定的股票应当被暂停上市或者终止上市的情形；

（八）本所认为需具备的其他条件。

3. 终止上市（这里以主动终止上市为例）

根据《深圳证券交易所股票上市规则》的规定，上市公司出现下列情形之一的，可以向深圳证券交易所申请终止其股票上市交易：

（一）上市公司股东大会决议主动撤回其股票在本所上市交易、并决定不再在交易所交易；

（二）上市公司股东大会决议主动撤回其股票在本所上市交易，并转而申请在其他交易场所交易或转让；

（三）上市公司股东大会决议解散；

（四）上市公司因新设合并或者吸收合并，不再具有独立主体资格并被注销；

（五）上市公司以终止公司股票上市为目的，向公司所有股东发出回购全部股份或者部分股份的要约，导致公司股本总额、股权分布等发生变化不再具备上市条件；

（六）上市公司股东以终止公司股票上市为目的，向公司所有其他股东发出收购全部股份或者部分股份的要约，导致公司股本总额、股权分布等发生变化不再具备上市条件；

（七）上市公司股东以外的其他收购人以终止公司股票上市为目的，向公司所有股东发出收购全部股份或者部分股份的要约，导致公司股本总额、股权分布等发生变化不再具备上市条件；

（八）中国证监会或本所认可的其他主动终止上市情形。

4. 重新上市

根据《深圳证券交易所股票上市规则》的规定，申请重新上市的公司，应当同时符合以下条件：

（一）公司股本总额不少于5 000万元；

（二）社会公众持有的股份占公司股份总数的比例为25%以上；公司股本总额超过4亿元的，社会公众持有的股份占公司股份总数的比例为10%以上；

（三）最近三年公司无重大违法行为，财务会计报告无虚假记载；

（四）公司最近三个会计年度的财务会计报告未被出具保留意见、无法表示意见或者否定意见的审计报告；

（五）公司最近三个会计年度经审计的净利润均为正值且累计超过3 000万元（净利润以扣除非经常性损益前后较低者为计算依据）；

（六）公司最近三个会计年度经营活动产生的现金流量净额累计超过5 000万元；或者公司最近三个会计年度营业收入累计超过3亿元；

（七）公司最近一个会计年度经审计的期末净资产为正值；

（八）公司最近三年主营业务未发生重大变化；

（九）公司最近三年董事、高级管理人员未发生重大变化；

（十）公司最近三年实际控制人未发生变更；

（十一）公司具备持续经营能力；

（十二）具备健全的公司治理结构和内部控制制度且运作规范；

（十三）公司董事、监事、高级管理人员具备法律、行政法规、部门规章、规范性文件、本所有关规定及公司章程规定的任职资格，且不存在影响其任职的情形；

（十四）本所要求的其他条件。

虽然被暂停和终止上市之后还有补救的可能，但是补救过程不仅非常烦琐，还会耗费大量的时间和精力，这对于上市公司来说是一笔不小的损失。因此，上市公司还是要遵守规则，时刻约束自己的行为。

16.2.5　申请复核

除了暂停、恢复、终止和重新上市的相关规定以外，《深圳证券交易所股票上市规则》中还有申请复核的内容，具体规定如下所述。

15.1　发行人或者上市公司、重新上市申请公司（以下统称"申请人"）对本所作出的不予上市、暂停上市、终止上市、不予重新上市决定不服的，可以在收到本所相关决定或者本所公告送达有关决定之日（以在先者为准）起十五个交易日内以书面形式向本所申请复核。

有关复核程序和相关事宜，适用本所有关规定。申请人应当在向本所提出复核申请后次一交易日发布相关公告。

15.2　本所在收到申请人提交的复核申请后五个交易日内作出是否受理的决定并通知申请人。

申请人未能按照本规则第15.1条的要求提供申请文件的，本所不受理其复核申请。申请人应当在收到本所是否受理其申请的决定后及时披露决定的有关情况，并提示相关风险。

15.3　本所设立上诉复核委员会，对申请人的复核申请进行审议，作出独立的专业判断并形成审核意见。

15.4　本所在受理复核申请后三十个交易日内，依据上诉复核委员会的审核意见作出维持或者撤销不予上市、暂停上市、终止上市、不予重新上市的决定。该决定为终局决定。

在此期间，本所要求申请人提供补充材料的，申请人应当在本所规定期限内提供有关材料。申请人提供补充材料期间不计入本所作出有关决定的期限内。

对于上市公司来说，在了解上述内容的同时，还必须掌握申请复核所需要的资料，例如，复核申请书、保荐人就申请复核事项出具的意见书、律师事务所就申请复核事项出具的法律意见书等。准备好这些资料，申请复核才可以更顺利。